# 2021

# LES STRATEGIES POUR DÉVELOPPER VOTRE RÉFÉRENCEMENT NATUREL

## DÉCOUVREZ LA FORCE DU SEO EXPRESS POUR FAIRE GRIMPER VOTRE SITE DANS LES MOTEURS DE RECHERCHE

Live LOMBA

Table des matières

# Sommaire

**ermettez-moi de vous rappelez ces choses avant d'aller plus loin :**

- *Il suffit de tout inventer*

- *Mets ton visage de jeu*

- *Découvrez la détente active*

- *Faites d'aujourd'hui un chef-d'œuvre*

- *Profitez de tous vos problèmes*

- *Rappelez à votre esprit*

- *Demandez et donnez petit*

- *Faites de la publicité pour vous-même*

- *Sortir des sentiers battus*

- *Continuez à penser, continuez à penser*

- *Faire un bon débat*

- *Que les problèmes marchent pour toi*

- *Prenez d'assaut votre propre cerveau*

# L'AUTEUR

Live LOMBA, CEO Consultant
Chez
Ets.LA VERITE BUSINESS

**M**es expériences ont forgé mon expertise du marketing interactif et ma connaissance des technologies digitales.

Après avoir mis en œuvre personnellement dans le cadre de startups l'approche de stratégie marketing et en avoir mesuré les bénéfices, j'ai décidé de créer une entreprise.

Je l'ai appelée Ets. LA VERITE BUSINESS correspondant aux activités que nous effectuons sur internet.

**D**evenir son propre média et convertir son audience en client, beau challenge que nous avons à cœur de relever pour nos futurs info preneurs et entrepreneurs !

Je suis manager, conférencier sur la transformation digitale, copywriter, coach et chercheur avec pour objectif de créer un électrochoc dans les entreprises et apporter des solutions rapides et fiables aux autres.

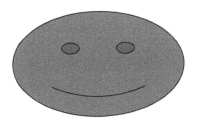

# NOTE DE L'AUTEUR

Une stratégie de marketing digital représente aujourd'hui un levier de croissance primordial à adopter pour les entreprises.

Elle vous permet de perdre moins de temps dans votre prospection puisque vous décidez d'attirer vos clients potentiels. Cela vous donne la possibilité de vous concentrer davantage sur les tâches plus importantes.

Bien que cela puisse vous paraître compliqué, sachez que vous n'êtes pas seul, **Ets. LA VERITE BUSINESS** vous accompagne et vous conseil dans votre transition digitale de sorte à ce que vous puissiez la comprendre et en tirer tous les bénéfices.

**Ets. LA VERITE BUSINESS**

"LA SOLUTION, LA RAPIDITE, LA FIABILITE"

# AVANT-PROPOS

## D'OU VIENNENT NOS RECHERCHES ?

L'équipe de *l'Ets. LA VERITE BUSINESS* utilise ses propres algorithmes d'apprentissage automatique et des fournisseurs de données fiables pour présenter les données dans nos bases de données.

Nous n'utilisons que les sources de données les plus récentes et nous nettoyons toujours les données grâce à nos méthodes propriétaires afin de présenter la solution la plus fiable sur le marché.

## 1. Collecte de données

Pour les classements des moteurs de recherche et l'analyse des mots clés, nous utilisons des fournisseurs de données tiers pour collecter les pages de résultats de recherche réelles de Google.

Ensuite, nous recueillons des informations sur les sites Web qui sont répertoriés dans les 100 premières positions.

Nous étudions les deux résultats de recherche organiques ainsi que les résultats de recherche payés pour vous donner une image complète de la visibilité de n'importe quel site Web sur Google.

## 1. Analyse et présentation

À partir de ces mots clés et domaines, nous examinons les données en direct et données historiques sur les changements de position et le classement des domaines dans les positions de recherche organiques et payantes pour créer notre suite de rapports qui montrent les changements de position d'un site Web.

La recherche de chaque mot clé Volume, coût par clic, et plus d'informations qui sont utiles pour les spécialistes du marketing.

La méthode exacte dans laquelle notre équipe recueille et analyse les pages de résultats des moteurs de recherche.

De cette façon, vous savez que les résultats que vous prenez de nous est basée sur le classement réel des pages de résultats les plus récentes de Google.

**2.** Analyse du trafic du site Web

Nous avons également le pouvoir d'estimer le trafic mensuel et le comportement sur place de n'importe quel site Web sur Internet.

3. Algorithme de réseau neuronal

Pour assurer le plus haut niveau de précision, nous utilisons nos réseau neuronal - un algorithme combiné qui fait référence à diverses sources de données et reconnaît les modèles de la même manière que le cerveau humain comprend les modèles.

**4.** Données publicitaires en ligne

Notre équipe dispose de bases de données étendues pour tout montrer sur les annonceurs et les éditeurs qui utilisent Annonces Google, Google Display Network et Google Shopping.

## 5. Collecte de données publicitaires

**Les annonces Google** (annonces PPC dans les résultats de recherche) et **Google Shopping** (également connues sous le nom d'annonces de listes de produits) sont prises en compte lorsque nous recueillons des pages de résultats de moteurs de recherche pour nos bases de données principales de moteurs de recherche.

**Les annonces d'affichage** du réseau d'affichage de Google sont recueillies à partir de partenariats de confiance et placées dans une base de données où nous nettoyons et vérifions chaque jour de nouvelles informations avec un algorithme propriétaire.

Grâce à cette recherche, les spécialistes du marketing peuvent créer des campagnes publicitaires stratégiques, surpasser leurs concurrents, sensibiliser leur marque et savoir que leur argent est dépensé judicieusement.

## 6. Données sur les médias sociaux

Nous disposons des outils pour suivre les performances et l'engagement des profils de médias sociaux sur Facebook, Twitter, Instagram, YouTube et Pinterest.

## 7. Analyse et présentation

Nous recueillons des informations publiques telles que des j'aime, le nombre d'abonnés, les retweets, les hashtags, les vues vidéo, le nombre de commentaires et plus encore à partir des pages que vous choisissez de suivre. Ensuite, nous recueillons et organisons les données pour présenter des tableaux de bord et des rapports sur l'audience, l'engagement et les taux de croissance de chaque profil social.

# INTRODUCTION

## SEO 2021 LES STRATEGIES POUR DEVELOPPER VOTRE REFERENCEMENT NATUREL

Dans un environnement aussi concurrentiel que le marché actuel, obtenir les bonnes données au bon moment peut se révéler décisif pour garder une belle longueur d'avance.

Pour vous aider à collecter des informations de façon optimale et avoir une vision globale du marché ou de la niche qui vous intéresse, Je vous propose une revue complète des défis qui peuvent être relevés avec les outils Analyse du trafic et Compétitive Intelligence des outils conçus pour s'adapter parfaitement aux besoins des responsables marketing, des directeurs commerciaux et des équipes de vente.

Alimentés par des technologies avancées de Big Data et des algorithmes fondés sur l'intelligence artificielle, vous offrent une opportunité unique **d'analyser les stratégies marketing de vos concurrents sous tous les angles**. Ils vous permettent également de qualifier vos leads, d'évaluer vos partenaires potentiels et d'avoir une compréhension de la demande et de la concurrence dans votre marché cible.

Vous allez, retrouvez les questions principales auxquelles sont confrontés les responsables marketing et découvrez comment cela peuvent les aider à y répondre.

**Comment utiliser ce livre ?** Vous pouvez lire tous les chapitres à la suite ou consulter directement la question qui vous intéresse en cliquant sur la liste de la table des matières plus haut.

# CHAP 1 : LES STRATEGIES MARKETING DE VOS CONCURRENTS DANS SON ENSEMBLE

## PARTI 1 : RECHERCHER DE NOUVEAUX MARCHES ET NICHES

Pour envisager une stratégie de développement commercial, deux scénarios sont possibles : s'étendre géographiquement en allant conquérir de nouveaux marchés, ou élargir sa palette de produits. Dans les deux cas, avant d'avancer dans la direction choisie, vous devez minutieusement étudier les opportunités à saisir.

## Comment mesurer le potentiel d'un nouveau marché pour mon activité ?

Lorsque vous planifiez de développer votre activité sur un nouveau marché, son choix est bien évidemment crucial. Afin d'éviter des erreurs très coûteuses, commencez par analyser la concurrence offrant les mêmes produits et services au niveau international.

Afin d'évaluer rapidement la demande pour vos produits ou services dans une région ou un pays, il vous suffit d'utiliser Analyse du trafic et de sonder les sites web des entreprises concurrentes déjà installées sur le marché ciblé. De cette façon, vous pourrez facilement mesurer s'il existe une demande suffisante qui vaille la peine de poursuivre plus avant votre prospection, et cela sans avoir à effectuer de longues et coûteuses recherches sur le marché.

Choisissez jusqu'à 5 concurrents que vous connaissez (ou identifiez-les grâce aux rapports sur les concurrents présents dans les outils Recherche organique, Recherche de publicités et Recherche PLA) et utilisez les options de benchmark de Analyse du trafic pour voir comment ils se positionnent et s'adaptent aux fluctuations du marché.

## Estimer la demande potentielle

Comment évaluer rapidement le paysage concurrentiel dans un nouveau marché ou sur une niche ?

Si vous souhaitez lancer un nouveau produit, vous devez tout d'abord évaluer la force de vos futurs concurrents.

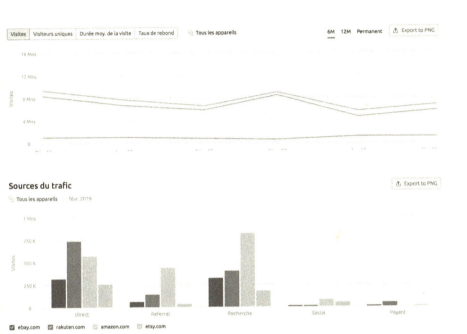

Les recherches sur vos concurrents, en complément de l'analyse des tendances des comportements utilisateurs, vous permettront de prendre des décisions éclairées sur tous vos plans d'expansion au vu des tendances des marchés locaux.

En benchmarkant vos concurrents principaux, vous pouvez également découvrir quel es sont les stratégies les plus efficaces sur le marché que vous visez (Rapport

Sources de trafic).

Si l'une de ces stratégies vous semble performante, vous pouvez rapidement la décrypter en utilisant les méthodes décrites dans la section « Surveiller les stratégies marketing de vos concurrents ».

## PARTI 2 : ÉTABLIR DES PARTENARIATS CO-MARKETING OU D'AFFILIATION

Partager la même audience cible est un casse-tête pour les concurrents, mais un moteur de développement pour les entreprises qui proposent des produits ou services complémentaires. En effet, les partenariats de co-marketing ou de co-branding aident chacune de leurs parties à s'établir dans une nouvel e niche ou région, à développer leur reach et accroître leur conscience de marque. L'enjeu crucial est de trouver avec quel e entreprise sceller cette collaboration à bénéfices réciproques. Comment y parvenir ? Une fois établie la liste de vos potentiels partenaires, étudiez le trafic de leurs sites pour découvrir s'ils seront en mesure de vous offrir la couverture que vous espérez.

Il en va de même avec les potentiels affiliés. Avant d'investir votre temps dans les négociations, découvrez si leur partenariat en vaut la peine. L'entreprise que vous avez en tête est-el e suffisamment stable pour signer avec el e un contrat de long terme ? Pourra-t-el e vous apporter un trafic de haute qualité ? Cet engagement est-il susceptible de ternir votre réputation, surtout en ligne ?

## Comment choisir le partenaire qui vous apportera le plus haut taux de conversion ?

Règle générale : plus le volume de trafic de votre potentiel partenaire est important et qualifié, plus vous obtiendrez de leads, d'achats et de clients.

Pour commencer, étudiez le nombre total de visites et de visites uniques, en particulier si vous avez affaire à des sites business, tels que le e-commerce, les fournisseurs SaaS, et les médias.

Ces indicateurs reflètent en effet la taille globale de leur audience.

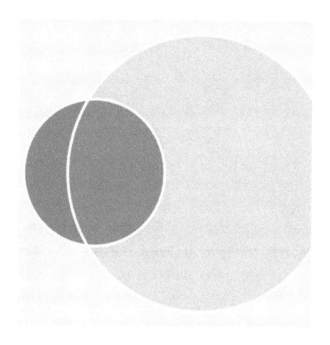

● ebay.com

○ amazon.com

## 68,81 % de chevauchement

106 Mns visiteurs

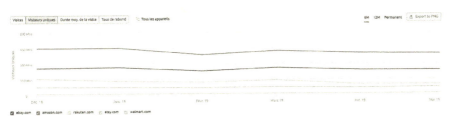

Observez ces mêmes statistiques de façon dynamique, pour découvrir si l'un de vos potentiels partenaires est en phase d'accélération. Si de plus en plus d'utilisateurs ont visité récemment sa page web, vous avez tout intérêt à vous rapprocher de lui pour bénéficier de sa notoriété fraîchement acquise.

Enfin, déterminez si vous avez déjà eu des contacts avec votre futur partenaire dans le passé. Observez les résultats du chevauchement d'audiences entre vos sites, pour confirmer les objectifs à poursuivre avec ce partenariat.

Vue d'ensemble du trafic    Sources de trafic    Répartition géographique    Sites de destination    Sous-domaines

**Répartition mondiale du trafic :**

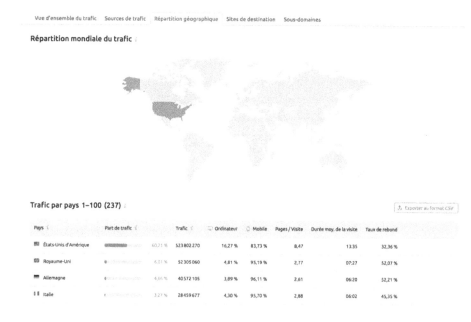

**Trafic par pays 1–100 (237) :**

Exporter au format CSV

| Pays | Part de trafic | Trafic | Ordinateur | Mobile | Pages / Visite | Durée moy. de la visite | Taux de rebond |
|---|---|---|---|---|---|---|---|
| États-Unis d'Amérique | 60,21 % | 523 802 270 | 16,27 % | 83,73 % | 8,47 | 13:35 | 32,36 % |
| Royaume-Uni | 6,01 % | 52 305 060 | 4,81 % | 95,19 % | 2,77 | 07:27 | 52,07 % |
| Allemagne | 4,66 % | 40 572 105 | 3,89 % | 96,11 % | 2,61 | 06:20 | 52,21 % |
| Italie | 3,27 % | 28 459 677 | 4,30 % | 95,70 % | 2,88 | 06:02 | 45,35 % |

## Comment évaluer l'importance d'un futur partenariat ?

Plusieurs aspects doivent être pris en considération :

1. Tout d'abord, tenez compte de la répartition géographique du trafic de votre potentiel partenaire. Parvient-il à attirer du trafic de tous les pays et régions qui vous intéressent ? Et les marchés sur lesquels il réussit le mieux sont-ils bien ceux que vous visez ? Car en fonction des résultats, de nouvel es questions peuvent surgir.

Exemple : si votre partenaire potentiel a accès à une audience étrangère, êtes-vous prêt à localiser tous vos supports de communication ?

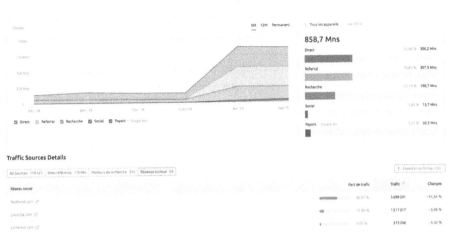

2. Ensuite, explorez les sources de trafic de votre partenaire. De cette manière, non seulement vous pourrez comprendre sa stratégie marketing (par exemple s'il investit dans les réseaux sociaux ou dans les publicités payantes), mais vous pourrez aussi faire des hypothèses sur les raisons de son succès. Voici un indice particulièrement important pour le e-commerce : un site web reçoit beaucoup de trafic direct ? Cela peut signifier deux choses : soit qu'il est suffisamment connu pour s'être constitué une clientèle fidèle, qui y revient régulièrement ; soit que ses visiteurs y retournent plusieurs fois avant de se décider à finaliser leurs achats.

3. Assurez-vous également de bien analyser les sites de destination de votre partenaire potentiel. C'est un excellent moyen pour estimer son taux de conversion. Si un certain nombre de visiteurs quittent le site uniquement pour rejoindre les services de paiement, vous pouvez considérer que cela correspond grosso modo au nombre d'achats effectués sur le site. La liste des sites de destination peut aussi vous informer quant aux partenariats

actuels de votre possible al ié (si des liens directs sont faits vers des sites).
Il serait dommage d'investir vos efforts pour créer un partenariat avec une
entreprise qui travail e déjà avec vos concurrents, ou au contraire qui ne
souhaite pas collaborer avec des acteurs de votre secteur.

4. Enfin, approfondissez votre compréhension du trafic référent de votre prospect grâce aux rapports de Vue d'ensemble du domaine. Regardez précisément les sites qui établissent des backlinks vers votre potentiel partenaire et tirez-en les conclusions nécessaires sur la qualité de ces connexions.

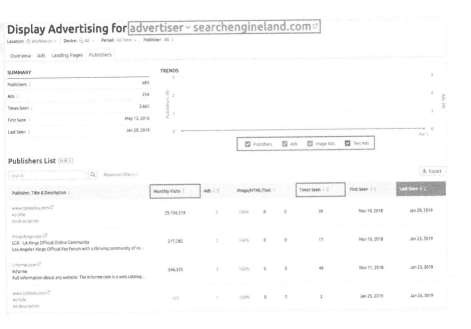

## Optimisation de l'achat média

Malheureusement, aucun budget publicitaire n'est il imité. Mais heureusement, ceci peut se transformer en forte motivation pour repenser votre stratégie et choisir uniquement les plateformes les plus performantes. Voici les points principaux à évaluer lorsque vous souhaitez optimiser votre stratégie d'achats média.

## PARTI 3 :  OU TROUVER LES EDITEURS POTENTIELS POUR VOS ANNONCES ?

Choisir des éditeurs qui ciblent une audience importante et génèrent du ROI est la base d'un bon achat média. Le plus simple est de commencer par observer où vos concurrents sont présents.

1. Pour ce faire, utilisez le rapport Editeurs d'annonces display (vous devez tout d'abord préciser le domaine de votre concurrent dans la barre de recherche de l'outil Annonces display).

Vérifiez l'importance des publicités par rapport à vos sujets cibles en étudiant la colonne Titre & Description, les types de publicités et la colonne Visites mensuelles.

Vous pourrez ainsi estimer les préférences de l'éditeur et son audience.

2. Une autre façon d'étoffer votre liste d'éditeurs potentiels est de parcourir le rapport

## Comment choisir le meilleur éditeur ?

Pour choisir le meilleur éditeur dans la liste que vous aurez élaborée à partir des recommandations ci-dessus, vous devrez entrer un peu plus dans le détail.

Tout d'abord, vous devez être sûr de la qualité du trafic que tel ou tel site vous amènera. Cela peut être vérifié en observant les indicateurs d'engagement et le rang du trafic dans le rapport Vue d'ensemble d'analyse du trafic.

Pour découvrir qui collabore avec cet éditeur, et si un autre annonceur a le type d'audience que vous recherchez, parcourez le rapport Sites de destination, qui présente tous les sites visités par les internautes à partir des hyperlinks présents sur le site de l'éditeur.

The sites visited by users after

## Vérifier le trafic d'un éditeur

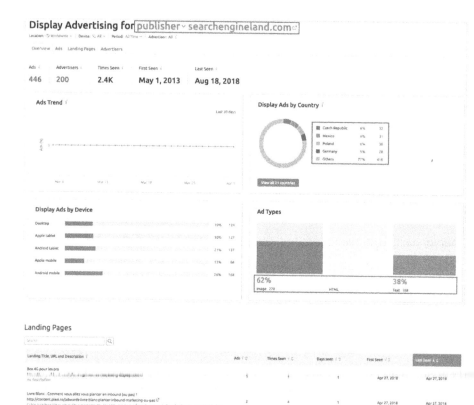

Vous pouvez aussi observer plus en détail, grâce au rapport Vue d'ensemble annonces display, les pays couverts par les éditeurs et le type de publicités qu'ils proposent, afin de déterminer s'ils correspondent vraiment à vos objectifs.

Entrez le nom de domaine de l'éditeur dans la barre de recherche de l'outil pour obtenir la liste des annonceurs qui ont déjà fait paraître des publicités sur ce site, et regardez les publicités en question.

Vous pouvez également trouver dans le rapport Landing pages les pages sur lesquelles arrive un visiteur quand il clique sur une bannière, une pop-up, ou une publicité textuel e.

## Analyser les stratégies marketing de vos concurrents

Il n'existe que deux situations où vous avez besoin d'analyser vos concurrents : lors de votre veille régulière et lors de benchmarks ad hoc. Que vous développiez à partir de zéro une campagne marketing, que vous lanciez un nouveau produit, ou que vous étudi ez de près un nouveau canal, dans tous les cas, vous avez besoin de savoir ce que font vos concurrents en la matière. Si seulement vous pouviez avoir accès à leur Google Analytics...

Concurrentiel e a été créée pour vous aider à obtenir des informations clés sur l'efficacité des sites de vos concurrents, identifier leurs sources de trafic, leurs activités de relations publiques, leur présence sur les réseaux sociaux, leurs positions sur la SERP, et les landing pages actuel ement visibles. En révélant les forces et faiblesses de vos concurrents, ces données mettent en lumière vos opportunités de croissance.

## Trafic du site

➡ **Positions en et présence recherche organique online et mots-clés**

➡ **Tactiques**

➡ **Relations publiques de publicités & Content Marketing payantes**
**Présence sur les réseaux sociaux**

# CHAP 2 : COMMENT EVALUER LA PERFORMANCE DU SITE DE VOTRE CONCURRENT ?

Vous êtes sans aucun doute capable d'identifier vos concurrents. En revanche évaluer le trafic de leur site web et leurs canaux de trafic, l'intérêt manifesté par l'audience ou la représentation régionale de ces concurrents, peut s'avérer plus ardu.

Analyse du trafic: ebay.com ☑

Données historiques: mars 2019 ✓   Lieu: Toutes les régions ✓   Appareils : 🖵 Tous les appareils ✓   Précision estimée: ━ ━ ━

Vue d'ensemble du trafic    Sources de trafic    Répartition géographique    Sites de destination    Sous-domaines

**Benchmark your website against competitors**

| ⌕ ebay.com | ⊕ Competitor | Compare | + Add +3 competitors |
|---|---|---|---|

| Visites | Visiteurs uniques | Pages / Visite | Durée moy. de la visite | Taux de rebond | Rang du trafic |
|---|---|---|---|---|---|
| mars 2019 | mars 2019 | mars 2019 | mars 2019 | mars 2019 | mars 2019 |
| **772,5 Mns** +15,19 % | **261,3 Mns** +13,45 % | **7,59** −2,42 % | **12:22** +24,50 % | **38,30 %** +2,49 % | **32** ↓1 |

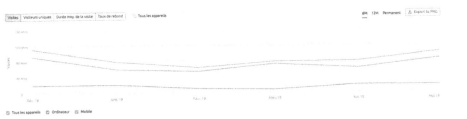

Le rapport Vue d'ensemble du trafic contient toute l'information sur le trafic global pour le site web cible, les indicateurs clés d'engagement des visiteurs, ainsi que les dynamiques mensuel es.

Les visites et visiteurs uniques donnent une idée de l'ampleur de l'audience du site concurrent, en particulier pour les sites commerciaux tels que l'e-commerce, les fournisseurs SaaS et les médias.

Les indicateurs Pages/Visite, Durée moyenne de visite et Taux de rebond sont des indicateurs d'engagement qui témoignent de l'efficacité et de la qualité de l'expérience utilisateur sur le site.

Le rang du trafic est un index renseignant sur la qualité du trafic propriétaire basé sur le nombre total estimé de visites.

Si vous êtes intéressé par un lieu en particulier, vous pouvez le sélectionner dans la liste située en haut du rapport. Vous pouvez également choisir les critères : desktop, téléphone portable ou tous dispositifs.

Les pics et creux sur les graphiques de Vue d'ensemble du trafic, pour tous les paramètres mentionnés ci-dessus, illustrent les fluctuations de la demande du marché et de l'intérêt du consommateur pour le produit visé.

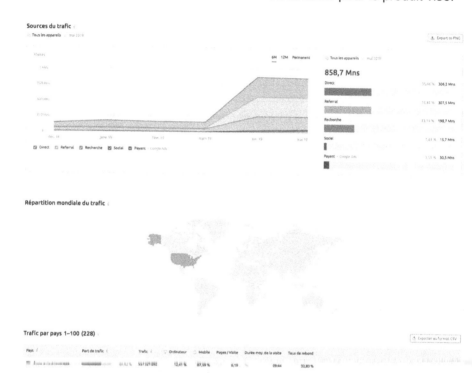

Grâce à ces données, vous pouvez facilement évaluer le potentiel de conversion des sites de vos concurrents et mesurer les résultats obtenus par leurs campagnes marketing.

Dans le rapport Sources du trafic, vous pouvez identifier quels sont les canaux qui contribuent le plus à l'apport de trafic sur les sites de vos concurrents : direct, referral, organique, social ou payant. En passant de l'onglet « Sites référents », à « Moteurs de recherche » ou « Réseaux sociaux », vous pouvez choisir les sources à analyser et les nouveaux canaux à utiliser.

Enfin, rendez-vous dans le rapport Répartition géographique pour obtenir un aperçu immédiat des marchés que vos concurrents ciblent et des succès qu'ils y remportent.

## PARTI 1: ANALYSER LE TRAFIC DE SES CONCURRENTS

Comment faire mieux que vos concurrents en matière de recherche organique ?

Si vos concurrents sont mieux référencés que vous (même d'une courte tête), cela signifie qu'ils obtiennent plus de clics et génèrent ainsi plus de leads, et (donc) plus de chiffre d'affaires…Il peut y avoir 1001 raisons pour expliquer un bon référencement organique, mais il est généralement assez facile d'identifier ses causes principales.

L'outil Recherche organique vous donnera en quelques clics une vision d'ensemble de la visibilité organique du site web ciblé.

Dans le rapport Vue d'ensemble, vous trouverez : Le nombre total de mots-clés du site cible obtenant de bonnes positions organiques (dans le Top 100 Google) ;

Le trafic mensuel attendu en provenance de ces mots-clés ;

Le coût du trafic des mots-clés organiques donnés par Google AdWords ;

Le trafic lié au nom de la marque (branded) et celui qui n'y est pas rattaché (non branded) ;

Une présentation visuel e du nombre de mots-clés organiques pour lesquels le site étudié obtient des positions.

Le Rapport Positions vous révélera tous les détails sur les mots-clés permettant à vos concurrents de se positionner en tête du référencement organique.

Ces informations peuvent vous aider à améliorer vos propres classements et conversions, en vous concentrant sur les mots-clés qui performent le plus. Vous pouvez également vous faire une idée du comportement des consommateurs en étudiant la fréquence de leurs recherches.

Décrypter la stratégie SEO de ses concurrents

Quelles tactiques de publicité payante fonctionnent le mieux ?

Peut-être avez-vous déjà entendu dire que créer la campagne publicitaire parfaite n'a rien de sorcier. Pour autant, il n'existe aucune formule magique assurant un succès garanti. C'est pourquoi il est toujours intéressant de jeter un œil aux pratiques de la concurrence et d'adopter des solutions qui ont déjà fait leurs preuves.

L'outil Recherche de publicités offre une gamme complète de rapports Google Ads correspondant à l'annonceur que vous convoitez.

1. Il vous suffit de consulter le Rapport Positions pour trouver : Le nombre de mots-clés sur lesquels le domaine se positionne ;

Le trafic estimé en provenance de ces mots-clés ; Une estimation du coût de ce trafic.

2. En complétant ces informations avec les données du rapport Historique des

annonces présentant tous les mots-clés sur lesquels un domaine cible s'est positionné au cours de l'année passée, vous obtenez alors un panorama complet qui vous permet de comprendre clairement les stratégies publicitaires de vos concurrents.

Pour creuser un peu plus, cliquez sur chacune des cel ules de couleur bleue : el es affichent les publicités tel es qu'el es apparaissent pour l'internaute, sur une période de 12 mois. Vous pourrez ainsi regarder les ajustements effectués par votre concurrent et voir quel e stratégie a été payante.

3. Dans le rapport Textes des annonces vous pourrez voir tous les titres et cal s-to-action utilisés par vos concurrents dans leurs publicités… ainsi que

les mots-clés et les landing pages vers lesquel es ils dirigent ce trafic payant.

Trouver des idées pour ses campagnes publicitaires

4. Pour vous concentrer sur Google Shopping ou sur les publicités en display, rendez-vous directement dans les rapports Recherche PLA ou Annonces display.

5. L'information disponible dans le rapport Vue d'ensemble Annonces Display vous permettra d'analyser la distribution des publicités de vos concurrents sur le Google Display Network (GDN) à l'échel e mondiale, et mesurer leur activité publicitaire.

Vous pourrez ainsi identifier facilement les marchés à cibler et les méthodes les plus efficaces pour les atteindre.

Les tendances publicitaires vous montrent le nombre de publicités uniques identifiées pour l'annonceur étudié.

Les publicités Display par pays indiquent les pays dans lesquels le domaine analysé a placé ses publicités Display, et vous précisent le nombre exact de publicités identifiées dans chaque région, ainsi que leur proportion par rapport au total.

6. Vous pouvez également visualiser les landing pages conçues par vos concurrents dans le cadre de leurs campagnes et analyser leurs spécificités. Vous saurez notamment quel es publicités renvoient vers quel e landing page de leur site, et à quel e période.

Étudier les publicités de ses concurrents

7. Le rapport Textes PLA présente les publicités les plus performantes de vos concurrents, les mots-clés qui les ont propulsés dans les résultats de recherche, ainsi qu'une synthèse de la présence d'un domaine cible dans les résultats de recherche.

Avec toutes ces informations, vous serez en mesure d'analyser le prix des annonces dans votre segment cible, d'améliorer vos créations (mots-clés, titre, images...) et de booster vos investissements publicitaires, pour un ROI optimisé.

Analyser ses concurrents

Google Shopping

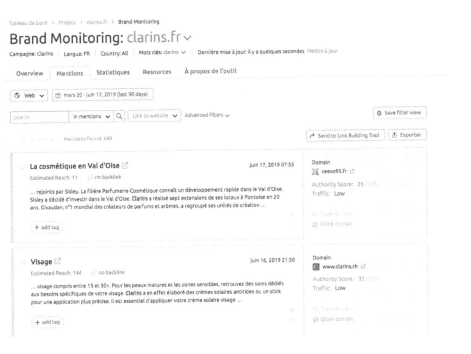

## PARTI 2 : QUEL E EST L'APPROCHE RP ET CONTENT MARKETING LA PLUS EFFICACE ?

Dans le monde digital, le « branding » est fondamentalement lié à la création de contenus engageants et à la collecte de mentions et de backlinks provenant de sources fiables. Grâce aux informations que vous pourrez obtenir sur les approches relations publiques (RP) et content marketing de vos concurrents, vous gagnerez du temps en recherche de sujets pertinents et des médias susceptibles de vous mentionner ou de renvoyer un backlink vers votre site.

1. L'outil Brand Monitoring vous permet de traquer les mentions d'un mot ou d'une phrase que vous choisissez, qu'il s'agisse du nom de la marque de votre concurrent, du nom d'un produit, d'un slogan, etc.

Voici les enseignements clés que vous pouvez tirer de ce rapport :

Sources de mention (web, forums ou Twitter) ; Reach estimé pour chaque mention ;

Réputation de la source vous mentionnant (BM score).

Notez que les mentions peuvent être trouvées sur un simple mot ou une simple phrase, qu'ils soient rattachés à la marque (branded) ou non.

➡ Vérifier la réputation de ses concurrents

➡ Découvrir leur trafic référent plus en détail

2. Si vous souhaitez étudier en détail le profil de backlinks d'un concurrent, surveil er ses nouveaux backlinks ou ceux qu'il a perdus, essayez les rapports Analyses de

backlinks afin de voir les URL sources et cibles. Cela vous permettra d'analyser des pages spécifiques selon leur importance (volume de liens pointant vers cel es-ci) ou leur fiabilité (nombre de liens provenant de domaines de confiance).

Portez une attention toute particulière aux indicateurs :

Page Score (PS), qui indique l'importance de la page en fonction de la qualité des liens qu'elle contient ;

Trust Score (TS), qui mesure la fiabilité d'un domaine.

Explorer les profils de backlinks de ses concurrents

3. En matière de contenu, il est indispensable de connaître les sujets couverts par vos concurrents. À l'aide de l'outil Topic Research, vous ne trouverez pas seulement les sujets qui correspondent à un mot-clé cible, sur n'importe quel domaine (à renseigner en cliquant sur « +Entrez le domaine pour trouver des contenus »), mais vous serez aussi en mesure de jauger l'engagement de l'audience en fonction des sujets choisis.

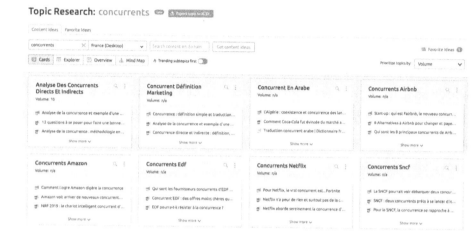

Examiner les sujets déjà couverts

## PARTI 3 : COMMENT OBTENIR UN PANORAMA RAPIDE DE LA PRESENCE DE MES CONCURRENTS SUR LES RESEAUX SOCIAUX ?

Les réseaux sociaux constituent un espace digital à part, qui requiert une approche et une stratégie spécifiques. Concevoir une stratégie social media peut sembler un exercice fastidieux, mais il n'est pas toujours nécessaire de réinventer la roue ! Vous pouvez d'ailleurs trouver une foule de bonnes idées rien qu'en observant les réseaux sociaux de vos concurrents.

Grâce au Social Media Tracker, vous pourrez traquer et analyser ce que font vos concurrents, leur présence, leur niveau d'engagement sur les réseaux sociaux et sélectionner les meilleurs canaux et types de contenus pour votre propre promotion.

Le rapport Vue d'ensemble vous indiquera quel réseau social apporte le plus de folowers ou le plus d'engagement à vos concurrents, ainsi que les contenus les plus efficaces.

Surveiller les réseaux sociaux de ses concurrents

Trouver les lacunes et les insights

- ➡ **Comparer les performances digitales des concurrents**

- ➡ **Découvrir les comportements des utilisateurs et les insights des consommateurs.**

# CHAP 3: AMELIORER LA QUALITE DES RP ET DU CONTENT MARKETING

## PARTI 1 : COMMENT COMPARER VOS CONCURRENTS LES UNS AUX AUTRES ?

La perfection n'est pas de ce monde : même si vous obtenez d'excellents résultats dans votre secteur d'activité, vous trouverez toujours de nouvel es pistes d'amélioration à explorer. La façon la plus simple de procéder est de vous comparer aux leaders du marché.

### 1. QUALIFIEZ VOS CONCURRENTS

Même si vous savez qui est leader sur votre marché, vous pouvez vous demander lequel de vos concurrents est objectivement le plus performant en ligne, ou comment il est parvenu à se positionner sur le web.

Entrez jusqu'à 5 concurrents à comparer ;

Obtenez une vision immédiate de leurs fluctuations de trafic. Les graphiques vous montreront lesquelles des entreprises analysées ont attiré le plus grand nombre de visiteurs au cours des derniers mois ;

Soyez attentif aux dynamiques de trafic de chaque site. Croît-il régulièrement ?

Note-t-on des cycles saisonniers ? Ces « hauts » et ces « bas » sont-ils communs sur votre marché ou témoignent-ils d'un changement spécifique au domaine analysé ?

**Prenez exemple sur le concurrent le plus performant.**

**Chevauchement d'audience** ⓘ

| | ebay.com | amazon.com | rakuten.com | walmart.com | etsy.com |

● ebay.com
● amazon.com

**54,03 % de chevauchement**
99 Mns visiteurs

● ebay.com
● rakuten.com

**2,75 % de chevauchement**
5 Mns visiteurs

● ebay.com
● walmart.com

**26,85 % de chevauchement**
49,2 Mns visiteurs

● ebay.com
● etsy.com

**17,38 % de chevauchement**
31,8 Mns visiteurs

## 2. CONTROLEZ LES CHEVAUCHEMENTS DE VOS CONCURRENTS

Même lorsque vous avez affaire à des concurrents indirects, il se peut que vous vous battiez pour obtenir les mêmes audiences. Découvrez en détail combien de visiteurs vont sur vos sites et sur ceux de vos concurrents. Comparez de 2 à 5 domaines avec l'outil de Chevauchement d'audience inclus dans l'Analyse du Trafic SEMrush.

Vous y verrez :

Quel es compagnies visent (et attirent effectivement) les mêmes utilisateurs que les vôtres.

Quel e part de votre audience cible n'est pas encore couverte. Pour cela, récapitulez juste le nombre des différents visiteurs de sites qui ne sont pas couverts par le « chevauchement », et estimez ainsi le volume total du marché.

Encore une fois, consultez plusieurs lieux et plusieurs périodes de l'année, afin de déterminer s'il existe des différences régionales ou saisonnières dans l'activité de vos concurrents. Leurs « saisons basses » pourraient être le meilleur moment pour vous, en vous permettant de vous placer sur le devant de la scène.

### 3. IDENTIFIEZ LES POINTS FAIBLES ET LES POINTS FORTS DE VOS CONCURRENTS EN ETUDIANT LEURS STRATEGIES MARKETING

Défier les qualités d'un concurrent est certes honorable. Mais s'attaquer à ses points faibles est souvent plus sage ! Découvrez dans le rapport Sources de Trafic quel es sont ses failles et sur quels enjeux il ne fait pas de réels progrès. Par exemple, si votre concurrent rencontre des difficultés à attirer du trafic depuis certains réseaux sociaux, il est peut-être judicieux de porter vos préférences sur ces canaux et ainsi prendre le dessus.

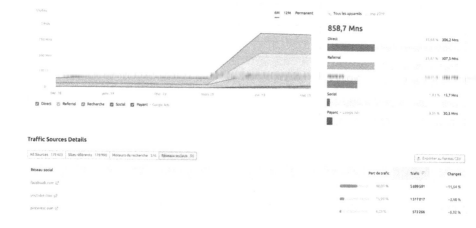

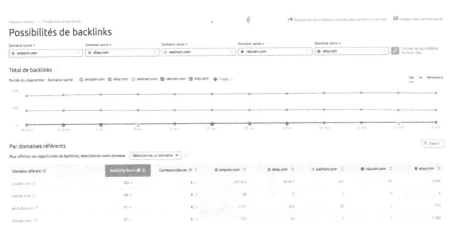

Possibilités de backlinks

Par domaines référents

# 4. RECOUREZ AUX TECHNIQUES QUI ONT FONCTIONNE POUR VOS CONCURRENTS

Inutile de réinventer chaque jour la poudre. Si vos concurrents ont recours à des sites référents qui apportent au leur un trafic de haute qualité, vous n'avez pas forcément à faire différemment juste pour ne pas les imiter.

Ajoutez jusqu'à 5 concurrents dans l'outil Possibilités de backlinks et obtenez une liste prête à l'emploi de domaines référents qui pointent vers les sites de vos concurrents.

Filtrez la liste en fonction de l'autorité du domaine référent et choisissez les meilleures sources pour votre propre diffusion.

Identifier les opportunités inexploitées

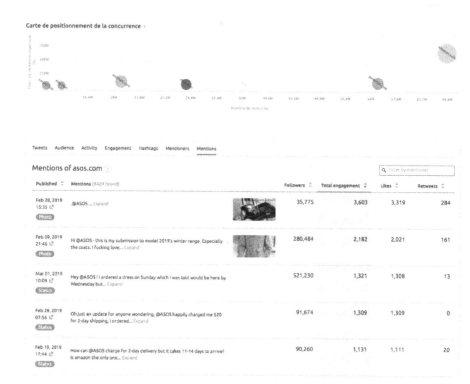

Carte de positionnement de la concurrence

Tweets  Audience  Activity  Engagement  Hashtags  Mentioners  **Mentions**

Mentions of asos.com

| Published | Mentions (8429 found) | | Followers | Total engagement | Likes | Retweets |
|---|---|---|---|---|---|---|
| Feb 28, 2019 15:35 Photo | .@ASOS ... Expand | | 35,775 | 3,603 | 3,319 | 284 |
| Feb 09, 2019 21:46 Photo | Hi @ASOS - this is my submission to model 2019's winter range. Especially the coats. I fucking love... Expand | | 280,484 | 2,182 | 2,021 | 161 |
| Mar 01, 2019 10:09 Status | Hey @ASOS ! I ordered a dress on Sunday which I was told would be here by Wednesday but... Expand | | 521,230 | 1,321 | 1,308 | 13 |
| Feb 28, 2019 07:56 Status | Oh just an update for anyone wondering, @ASOS happily charged me $20 for 2-day shipping, I ordered... Expand | | 91,674 | 1,309 | 1,309 | 0 |
| Feb 19, 2019 17:44 Status | How can @ASOS charge for 2-day delivery but it takes 11-14 days to arrive? Is amazon the only one... Expand | | 90,260 | 1,131 | 1,111 | 20 |

## 5. ANALYSEZ LES OPINIONS DES CONSOMMATEURS

Un des meilleurs moyens de savoir si les actions menées par vos concurrents ont valu la peine, est de les suivre via le rapport Mentions sur Twitter. Portez une attention particulière à la colonne Folowers : ce nombre vous montre à quel point tel e ou tel e mention est importante pour la réputation de la marque.

# 6. ASSUREZ-VOUS DE NE RIEN RATER EN MATIERE DE RECHERCHE ORGANIQUE ET DE PUBLICITE PAYANTE

Utilisez les rapports sur les concurrents disponibles dans les outils Recherche Organique, Recherche de publicités, et Recherche PLA pour mettre à jour la liste de vos concurrents les plus forts à la fois sur les volets organique et payant.

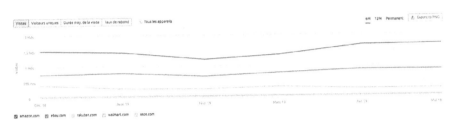

# PARTI 2: COMMENT COMPRENDRE LE COMPORTEMENT DES UTILISATEURS ET OBTENIR DES INSIGHTS DES CONSOMMATEURS ?

La meilleure chose à faire à l'égard de votre audience, est de lui donner ce dont el e a besoin. En marketing, cependant, la question n'est pas juste de savoir ce que veulent de vous vos potentiels clients, mais aussi : quand, où, à qui et comment délivrer l'information. Examinons l'ensemble de ces points.

# 1. QUAND : DECOUVREZ LES TENDANCES SAISONNIERES

Prenez note de tous les creux et pics que vous et vos concurrents pouvez rencontrer. Si de telles anomalies paraissent être une tendance commune, tentez d'analyser les raisons qui l'expliquent.

## 2. OU : VERIFIEZ LES SITES WEB VISITES PAR VOTRE AUDIENCE

Ne vous arrêtez pas à vos hypothèses sur les médias consommés par votre audience cible : vérifiez toujours vos suppositions avec l'outil de Chevauchement d'audience.

En effet, le comportement digital des utilisateurs est loin d'être évident. Ces données vous donneront une base valide pour vos décisions d'achats média.

**Trafic par pays 1–100 (191)**

| Pays | Part de trafic | Trafic | Ordinateur | Mobile | Pages / Visite | Durée moy. de la visite | Taux de rebond |
|---|---|---|---|---|---|---|---|
| Royaume-Uni | 22.43 % | 10055066 | 30,18 % | 69,82 % | 10,50 | 11:27 | 30,72 % |
| États-Unis d'Amérique | 17.32 % | 7764119 | 42,06 % | 57,94 % | 11,85 | 10:04 | 27,75 % |
| Russie | 18,83 % | 3818447 | 32,30 % | 67,70 % | 8,99 | 10:48 | 31,08 % |
| Australie | 5,79 % | 2594264 | 44,51 % | 55,49 % | 10,91 | 09:24 | 25,15 % |

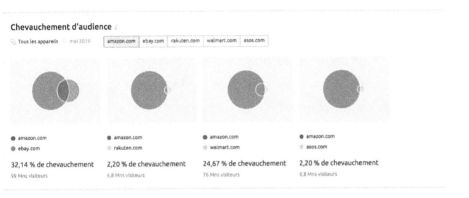

**Chevauchement d'audience**

Tous les appareils | mai 2019 | amazon.com | ebay.com | rakuten.com | walmart.com | asos.com

| amazon.com | amazon.com | amazon.com | amazon.com |
| ebay.com | rakuten.com | walmart.com | asos.com |
| 32,14 % de chevauchement | 2,20 % de chevauchement | 24,67 % de chevauchement | 2,20 % de chevauchement |
| 99 Mns visiteurs | 6,8 Mns visiteurs | 76 Mns visiteurs | 6,8 Mns visiteurs |

## 3. À QUI : TENEZ COMPTE DE LA TERRITORIALISATION DE VOS UTILISATEURS ET DE LEUR BESOIN DE LOCALISATION

Si vous travaillez pour une marque (potentiellement) internationale, vous pourriez un jour vous rendre compte que de plus en plus d'utilisateurs étrangers arrivent sur votre site. Ce que votre entreprise fera de cette information est une question qui nécessite une session stratégique à part. Pour l'instant, gardez juste cette information en tête et commencez à préparer la future localisation des contenus de votre site.

## 4. COMMENT : ETUDIEZ L'EXPERIENCE UTILISATEUR SUR DES CANAUX SPECIFIQUES

Plusieurs données sont à sérieusement considérer :

D'où arrivent les utilisateurs (Sources de trafic) et vers quel e destination partent-ils (Sites de destination) ?

Le site a-t-il tenu ses promesses (ce qu'on constate par un temps de visite moyen plutôt long), voire transformé ses utilisateurs en clients (ce qu'on remarque si les services de paiement font partie des sites de destination les plus fréquents) ? Au contraire, leur expérience sur la page les a-t-el e déçus (taux de rebond élevé) ?

**Possibilités de mots clés**

## PARTI 3: COMMENT AMELIORER VOTRE STRATEGIE EN UTILISANT LES LACUNES DE COUVERTURE DE VOS CONCURRENTS ?

La façon la plus simple d'améliorer votre stratégie de RP et de content marketing est de choisir les canaux, les ressources, les mots-clés et les sujets qui seront les plus efficaces, pour le minimum d'efforts.

1. Découvrez les sources de trafic les moins utilisées par vos concurrents. S'il n'y a aucune présence de la concurrence sur un canal spécifique, c'est le lieu parfait pour vous mettre en lumière.

2. Comparez plusieurs diffuseurs auxquels vous et vos concurrents avez recours, en utilisant le Chevauchement d'audience. Si une partie de votre audience cible n'est pas encore couverte, pensez à

placer des campagnes chez les médias identifiés pour obtenir l'attention de tous ces utilisateurs.

3. Rendez-vous dans l'outil Possibilités de backlinks pour évaluer facilement les lacunes de couverture de vos concurrents et les utiliser à votre profit... ou encore pour identifier les ressources qui établissent des liens vers vos concurrents et non vers vous. Les concurrents ajoutés dans l'outil peuvent être des domaines-racines, des sous-domaines ou des URL.

Obtenez de nouvel es idées de construction de liens

4. L'outil Possibilités de mots-clés s'avérera utile pendant le développement de votre stratégie de content marketing.

Avec l'aide de Possibilités de mots-clés vous pouvez effectuer une comparaison (en vis-à-vis) de portefeuilles de mots-clés (organiques, payants, ou mots-clés PLA) de 2 jusqu'à 5 de vos concurrents.

Trouver de nouveaux mots-clés

Améliorer vos propositions commerciales

➡ **Attirez des sponsors**

➡ **Justifiez vos propositions**

PRE-VENTES

1 De quel es données avez-vous besoin pour une proposition commerciale hautement convaincante ?

Pour élaborer une offre commerciale convaincante, vous devez identifier les forces et faiblesses de vos prospects, et réaliser des benchmarks de leurs concurrents afin de bien identifier leurs attentes.

Que vous soyez en train de négocier avec un potentiel sponsor ou que vous communiquiez vos valeurs à un lead ou un prospect, dans les deux cas, vous avez besoin de quelques statistiques objectives pour démontrer la dimension rationnel e de votre proposition, et ainsi décider votre interlocuteur.

Les outils Analyse du trafic et Vue d'ensemble du domaine vous aideront à obtenir rapidement une image exhaustive de la présence en ligne de vos prospects. Si vous représentez une agence marketing digital ou SEO, cela vous permettra de comprendre quel es parties du site d'un prospect ou quel es stratégies marketing requièrent une optimisation, mais aussi d'évaluer si votre prospect a, ou non, une chance de faire mieux que ses concurrents : une opportunité à mettre en avant.

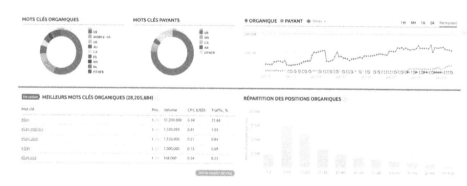

Vous pouvez aussi facilement générer une Vue d'ensemble du trafic de votre prospect afin de le comparer à celui de ses concurrents.

Toutes les informations obtenues dans les rapports mentionnés ci-dessus peuvent être exportées dans un PDF personnalisé que vous pourrez utiliser pour créer votre proposition commerciale.

## IDENTIFIER LES FAIBLESSES D'UN PROSPECT

Analyser un prospect

### Recherche sur la concurrence

Comprendre les forces et faiblesses de vos concurrents est crucial pour le succès de votre stratégie marketing. Votre business ne se déploie pas en territoire vierge ; il est constamment menacé par des concurrents. Vous devez donc veiller en permanence et étudier attentivement le panorama de votre concurrence. Cela ne pourra que vous servir : vous pouvez apprendre des erreurs de vos rivaux, étudier leurs best practices et identifier des opportunités.

Ce conseil s'applique évidemment au développement de votre stratégie SEO. Mais lutter pour acquérir des clients dans la sphère digitale suppose de suivre des règles et des méthodes bien particulières. Même si vous avez la chance de ne pas être en concurrence directe sur votre marché de niche, des acteurs d'autres secteurs d'activité peuvent tout à fait vous devancer dans les résultats des moteurs de recherche. Pour rester en tête, vous devez en permanence traquer et vérifier ce que font vos concurrents.

Voici les atouts qui peuvent vous aider à réaliser rapidement et facilement des recherches sur la concurrence :

➡ Rapport
➡ Rapports vue
➡ Possibilités sur les d'ensemble de mots-clés
➡ Concurrents et positions
➡ Contrôleur Analyse de backlinks du trafic et possibilités de backlinks

**Rapport :**

Rapport sur les concurrents de la Recherche Organique. En entrant simplement un domaine, vous obtiendrez la liste des sites web en compétition avec vous sur les mêmes mots-clés. Non seulement vous découvrirez qui sont vos concurrents, mais vous obtiendrez aussi d'importants détails. Tout d'abord, vous devez contrôler votre Niveau de Concurrence. Le rapport est automatiquement trié selon cette métrique, et vous montre les concurrents les plus proches.

Le Niveau de Concurrence est calculé en fonction du nombre total de mots-clés pour lesquels votre concurrent est positionné, et du pourcentage de mots-clés qu'il partage avec vous. Ainsi, si un site web est classé avec un nombre important de mots-clés, mais qu'il a peu de mots-clés en commun avec vous, il n'apparaîtra pas comme un concurrent important. Par exemple, même si Wikipedia et YouTube sont positionnés sur plusieurs des mots-clés que vous visez, ils n'en sont pas pour autant vos concurrents.

Identifiez les domaines qui ont la plus grande quantité de trafic issu des moteurs de recherche et le plus grand nombre de mots-clés en commun avec vous. Ces rivaux doivent être dans la ligne de mire

N'oubliez pas que vous devez chercher vos concurrents autant sur plateformes mobiles que sur desktop.

## Rapports vue d'ensemble et positions

Commencez votre analyse concurrentiel e Trafic sans marque – Trafic de recherche avec le rapport Vue d'ensemble, où l'on provenant de mots clés sans marque. vous présentera un panorama de la performance de vos concurrents.

Le graphique montre les changements concernant les mots-clés ou le trafic, sur

Entrez le domaine du rival que vous une certaine temporalité ; vous pouvez souhaitez examiner dans le champ de changer ces métriques et sélectionner une recherche, sélectionnez le pays et l'appareil période de temps donnée. Vous trouverez que vous voulez cibler. également des notes sous le schéma.

Les icônes Google pointent les dates changements dans l'algorithme de Google.

En haut du rapport vous trouverez les points auxquelles nous avons remarqué des informations statistiques suivantes :

Mots-clés – Le nombre total de mots clés Ces modifications peuvent influencer les de notre base de données pour lesquels classements de sites et vous pouvez en le domaine se positionne dans le top 100 voir le détail en cliquant sur la note. Vous des résultats de recherche.

Trafic – Le trafic mensuel estimé que ces **Sensor** détecte une forte volatilité sur les mots clés peuvent apporter.

Coût du trafic – Le coût estimé d'une ces repères sont représentés par des campagne Google Ads pour chaque mot clé. icônes en forme de losange rouge.

Trafic de marque – Trafic de recherche Vous pouvez sélectionner les notes qui provenant de mots clés de marque.

Le widget Fonctionnalités SERP affiche le pourcentage de chaque résultat de recherche spécial déclenché par les mots clés pour lesquels se positionne le domaine ciblé. En cliquant sur n'importe laquel e de ces caractéristiques SERP, vous pourrez filtrer le tableau de positions en fonction des mots-clés qui déclenchent chaque fonctionnalité SERP.

Notez que chaque fonctionnalité qui comportent un lien vers le domaine.

SERP est divisée en deux sections :

En filtrant avec ces résultats, vous verrez tous les mots-clés pour lesquels le domaine ciblé occupe une fonctionnalité.

Le filtre montrera tous les mots-clés occupant une fonctionnalité spécifique sur la SERP.

Filtrer par fonctionnalités de SERP, parmi la variété des autres options de filtres possibles, est un grand atout pour explorer la présence de vos concurrents sur les SERP, ainsi que leurs stratégies de mots-clés.

Le tableau de positions est le cœur même de ce rapport. Il liste les mots-clés pour lesquels le domaine ciblé est classé, et vous permet non seulement de les filtrer, mais aussi de les classer selon diverses métriques. Utilisez les flèches placées à côté du nom des colonnes pour classer le tableau en ordre ascendant ou descendant. Utilisez le bouton « Gérer les colonnes » pour masquer ou afficher vos colonnes.

Tous les changements de positions de recherche organique 1 - 100 (47 533) ℹ                     ⚙ Gérer les colonnes   🔘   ⬇ Exporter

| | Mot clé | Pos. | Diff. | Trafic, % | Volume | KD% | CPC (USD) | URL | SERP | Dernière mise à jour |
|---|---|---|---|---|---|---|---|---|---|---|
| > | jordan westbrook | 5 → * | perdu | < 0,01 | 4 400 | 87,70 | 0,56 | https://www.nike...rook ↗ | 🗓 | 23 oct. 2019 |
| > | weightlifting socks uk | 36 → 37 | ↓ 1 | < 0,01 | 90 | 53,69 | 0,00 | https://store.nike...Zpdx ↗ | 🗓 | 25 oct. 2019 |
| > | nike tr 17 black | 1 → 2 | ↓ 1 | < 0,01 | 50 | 80,58 | 0,00 | https://www.nike...lack ↗ | 🗓 | 25 oct. 2019 |
| > | see threw leggings | * → 97 | nouveau | < 0,01 | 210 | 87,59 | 0,57 | https://www.nike...y3qp ↗ | 🗓 | 25 oct. 2019 |
| > | michigan wolverines hat | * → 35 | nouveau | < 0,01 | 1 000 | 81,51 | 0,82 | https://store.nike...2of1 ↗ | 🗓 | 25 oct. 2019 |
| > | golf gps app for apple watch series 3 | * → 72 | nouveau | < 0,01 | 70 | 74,65 | 0,00 | https://www.nike...KLDL ↗ | 🗓 | 25 oct. 2019 |

Voici les données-clés que vous pouvez établir à partir du rapport :

Pos. : position du classement Volume : moyenne du nombre KD (Difficulté du Mot-clé) : de l'URL dans la SERP pour un de recherches dans la base de difficulté à se classer dans mot-clé donné, dans une période données choisie par mois (calculée les résultats organiques pour de temps définie (le nombre sur les 12 derniers mois).

CPC (Coût par clic) : prix moyen URL : URL affichée dans les % Trafic : part du trafic total du clic pour une campagne résultats de recherche pour dirigée vers le site web à partir Google Ads.

% Coûts : part du coût du trafic Con. : densité concurrentiel e Résultats : nombre d'URL total dirigé vers le site web à partir d'annonceurs utilisant le mot-clé affichées dans les résultats de d'un mot-clé dans Google Ads, donné pour leurs publicités.

Tendance : évolutions de l'intérêt SERP : aperçu de la source SERP Dernière mise à jour : moment pour un mot-clé donné a trouvé le résultat.

## Possibilités de mots-clés

Il est temps désormais de comparer la performance de votre site web avec cel e de vos concurrents grâce au "Gap Analysis", et de voir ainsi si votre stratégie de mots-clés est efficace. **L'outil Possibilités de mots-clés (Keyword Gap)** vous permet de comparer jusqu'à cinq domaines et de découvrir soit les mots-clés que ces domaines ont en commun, soit l'ensemble des mots-clés utilisés par chaque domaine. Vous pouvez aussi paramétrer un type de croisement de données "Unique" pour les mots-clés du premier domaine saisi, et ainsi obtenir les mots-clés sur lesquels seul le premier domaine se positionne.

Les mots-clés qui sont uniques pour vos concurrents sont probablement ceux à côté desquels vous êtes passés, et que vous devez incorporer à vos contenus.

Les mots-clés communs entre vous et vos concurrents peuvent être utilisés pour identifier vos situations de sous-performance et vos besoins d'amélioration. Par exemple, vous pouvez appliquer des filtres qui incluent les mots-clés pour lesquels vos concurrents apparaissent sur la première page (10 premières positions), et pour lesquels vous n'êtes visible qu'en seconde page ou plus loin (incluez votre domaine dans les positions placées à plus de 10).

Vous identifierez de cette manière le périmètre de mots-clés sur lesquels vous devez vous concentrer. Ajuster vos contenus grâce à ces mots-clés peut vous aider à atteindre la première page des SERP, et donc augmenter la visibilité de votre domaine.

N'oubliez pas que si vous pouvez comparer les mots-clés organiques avec Keyword Gap, vous pouvez également sélectionner pour chaque domaine les mots-clés payants ou PLA. Et si vous voulez obtenir une représentation graphique (diagramme de Venn) du rapport, vous pouvez cliquer sur "Activer les graphiques".

Consultez les meilleurs mots-clés de vos concurrent

| | Vue d'ensemble | Backlinks | Ancrages | Domaines référents | Adresses IP référentes | Pages référencées | Concurrents | Plus |
|---|---|---|---|---|---|---|---|---|

| Total backlinks | Domaines référents | Authority Score | |
|---|---|---|---|
| 18,9 Mns +1.3 Mn -900 K | 106 K | 78 ⌄ aucune modification | Afficher la tendance Authority Score |

**Concurrents** 100

⬇ Exporter

| Authority Score ⊕ ↕ | Domaine ⊕ | Niveau de concurrence ⊕ ↕ | Domaines réf. communs ⊕ ↕ | Total domaines réf. ⊕ ↕ | Backlinks ⊕ ↕ |
|---|---|---|---|---|---|
| 77 ⌄ | zara.com | 43% | 30 340 | 71 288 | 9 153 397 |
| 78 ⌄ | asos.com | 35% | 25 279 | 82 839 | 25 455 584 |
| 73 ⌄ | topshop.com | 30% | 19 009 | 48 771 | 5 358 103 |
| 74 ⌄ | forever21.com | 28% | 17 755 | 50 080 | 4 801 323 |
| 73 ⌄ | urbanoutfitters.com | 25% | 16 343 | 64 564 | 2 639 571 |
| 76 ⌄ | nordstrom.com | 25% | 17 285 | 75 962 | 15 973 080 |

## Rapport concurrents de backlinks et possibilités de backlinks

Les backlinks sont un facteur de référencement très important, en particulier lorsqu'ils proviennent de sources fiables dans votre secteur d'activité. L'outil Backlink Gap vous aidera à détecter facilement les opportunités de création de liens à côté desquels vous êtes passé, en se basant sur les backlinks de vos concurrents.

L'outil Possibilités de backlinks vous fournira quatre de vos meil eurs concurrents à analyser. Utilisez le rapport Backlinks, si vous avez besoin d'identifier plus de rivaux dans le domaine des backlinks. Ceux-ci peuvent être différents de vos concurrents en matière de mots-clés, dans la mesure où vos rivaux organiques ont très probablement des profils de backlinks variés. Entrez votre domaine dans le **Backlink Report** et sélectionnez l'onglet « Concurrents ».

Dans le rapport, vos concurrents sont automatiquement classés selon leur Niveau de Concurrence. Cette métrique représente la proximité de votre concurrence. El e est calculée de la même manière que le niveau de concurrence dans la Recherche Organique, si ce n'est qu'el e utilise le nombre de domaines référents communs en relation avec le nombre total de domaines référents (au lieu d'utiliser le nombre de mots-clés).

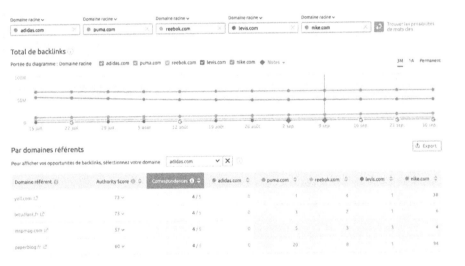

Vous pouvez trier le tableau en fonction du nombre de domaines référents communs, du nombre de domaines référents totaux, ou du nombre de backlinks. Vous pouvez aussi le trier selon le Score d'autorité : une métrique composée qui indique la force globale et la popularité du domaine.

Pour voir s'afficher les domaines qui établissent des liens vers votre concurrent, mais pas vers vous, cliquez sur le nombre de Domaines Référents Communs. L'outil

**Possibilités de backlinks (Backlink Gap)** vous permet de saisir jusqu'à cinq domaines incluant le vôtre. Sélectionnez votre domaine dans le menu situé au-dessus du tableau pour filtrer les sites web qui n'ont aucun lien pointant vers vous : vous obtenez une liste complète de cibles pour alimenter votre stratégie de backlinking. Cette liste est triée automatiquement selon le Score d'autorité. Vous pouvez aussi choisir le triage selon le nombre de correspondances parmi les domaines analysés.

Checkez vos backlinks !

Analyse du trafic: hm.com ⌐  ⁞ Infos sur la société          M'avertir  PDF  ⌐ Mode pitch

Données historiques: septembre 2019 ∨   Lieu: Toutes les régions ∨   Appareils: Tous les appareils ∨   Précision estimée: ▄▄▄

Vue d'ensemble   Chevauchement d'aud...   Sources de t...   Pages princi... ⏺   Répartition géograp...   Sites de destin...   Sous-doma...   Analyse pa... ⏺   User ...

**Comparez votre site par rapport aux concurrents**

| hm.com | | zara.com | mango.com | Concurrent | **Comparer** | Annuler |

| Domaine | Visites | Visiteurs uniques | Pages / Visite | Durée moy. de la visite | Taux de rebond | |
|---|---|---|---|---|---|---|
| ⬤ hm.com | 59 Mns  +6,17 % | 26,8 Mns  +4,74 % | 9,20  −6,02 % | 10:50  −9,72 % | 30,09 %  +2,67 % | ▄▄▄ |
| ⬤ zalando.fr | 5,9 Mns  −0,24 % | 2,8 Mns  −0,74 % | 6,39  −1,38 % | 05.49  −36,34 % | 51,08 %  +2,86 % | ▄▄▄ |
| ◉ zara.com | 41,1 Mns  +1,07 % | 18 Mns  +10,42 % | 10,69  −2,97 % | 10:33  +3,50 % | 28,67 %  −1,04 % | ▄▄▄ |
| ◉ mango.com | 15,4 Mns  +3,90 % | 7,4 Mns  +3,12 % | 4,81  −16,87 % | 08:34  −11,38 % | 38,93 %  −2,79 % | ▄▄▄ |

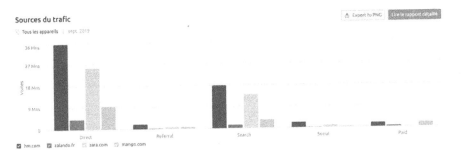

## Analyse du trafic

Il est judicieux de surveiller et d'analyser les sources de trafic de vos concurrents pour déterminer si vous avez besoin d'étendre ou d'ajuster votre stratégie marketing. Vous pouvez accéder aux données analytiques de vos concurrents pour connaître les chiffres exacts, mais vous pouvez aussi utiliser et obtenir une estimation précise basée sur les données de parcours de navigation issues de fournisseurs tiers, ce qui est suffisant pour évaluer vos concurrents. Entrez simplement le domaine que vous voulez analyser et commencez à assimiler les informations.

## Chevauchement d'audience

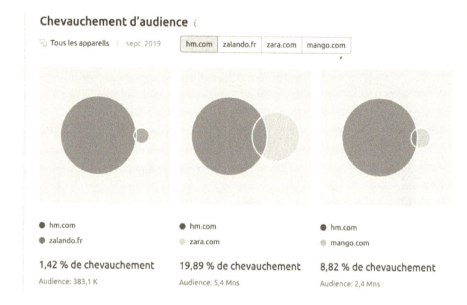

Tous les appareils | sept. 2019 | hm.com | zalando.fr | zara.com | mango.com

● hm.com
● zalando.fr

**1,42 % de chevauchement**
Audience: 383,1 K

● hm.com
⚪ zara.com

**19,89 % de chevauchement**
Audience: 5,4 Mns

● hm.com
⚪ mango.com

**8,82 % de chevauchement**
Audience: 2,4 Mns

Commencez avec l'onglet Vue d'ensemble du trafic pour obtenir un aperçu de la performance de vos concurrents en ce qui concerne le trafic apporté. Déterminez d'où provient la plus grosse part de leurs visiteurs, et s'il s'agit de trafic direct, référent, de recherche, ou social media. Déterminez précisément quels sites référents, réseaux sociaux et moteurs de recherche apportent le plus de trafic à votre concurrent. Examinez les taux de rebond et les durées moyennes de session pour savoir quels sont vos concurrents qui ont les sites web les plus attractifs, puis étudiez les concurrents les plus coriaces. Vous devez comprendre pourquoi ils attirent les visiteurs et comment ils les forcent à rester. Plus un client demeure sur un site, plus la probabilité d'une conversion est grande. Rendez-vous sur les onglets désignés pour obtenir plus d'informations détaillées sur le chevauchement d'audience, les sources de trafic, les meilleures pages du domaine, la répartition géographique des parts de trafic, et la répartition du trafic parmi les sous-domaines du site ciblé. Vous devez être un utilisateur payant de l'extension Analyse du trafic, sinon vous recevrez un échantillon d'informations pour trois domaines : ebay.com, amazon.com, et searchengineland.com.

Le Rapport de recoupement d'audience indique combien d'utilisateurs visitent les sites de deux concurrents (ou plus). Vous pouvez aussi comparer les lectorats de différents médias pour déterminer le placement le plus intéressant. Ces informations vous aideront à cibler plus précisément votre audience, et trouver des opportunités de partenariat.

# PARTI 4 : COMPAREZ VOTRE SITE A CELUI DE VOTRE CONCURRENT !

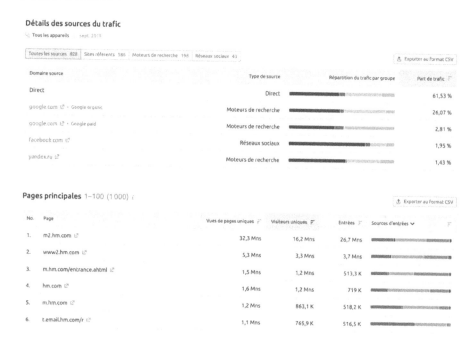

Le rapport Sources de trafic offre une fonction de comparaison pour différents concurrents à la fois. Ainsi, vous pouvez estimer les parts de budget marketing pour chaque canal digital.

L'onglet Sites de destination peut également vous donner de quoi réfléchir : il donne la liste des sites que les utilisateurs ont visités après le domaine analysé.

Le rapport Top Pages, récemment ajouté, vous sera utile si vous êtes curieux de connaître le meilleur contenu de vos concurrents, ou leurs entonnoirs de conversion, car la liste des URL les plus visitées peut contenir des pages de paiement, d'essai et de remerciement.

Enfin, vous pouvez filtrer les données historiques et régionales dans l'outil, à condition, bien sûr, d'avoir une inscription payante pour Analyse du trafic.

Analysez précisément le trafic de vos concurrents

Recherche par mots-clés

Soyons clairs : la recherche par mot-clé est le pilier principal d'un SEO de qualité. Pour obtenir un trafic fructueux, vous devez trouver les mots-clés précis et faire en sorte qu'ils fonctionnent. Mais la recherche par mot-clé ne consiste pas uniquement à conduire la clientèle depuis les moteurs de recherche jusqu'à votre site web ; el e peut aussi être utile à bien d'autres niveaux d'efforts marketing.

L'exploration par mot-clé vous aide à rester connecté à votre audience, dans la mesure où la requête de recherche est l'expression même de la demande du client. Une carte de mots-clés peut être un moyen d'identifier de nouveaux marchés de niche rentables, et peut même être utilisée pour tracer les contours de votre stratégie marketing.

Cependant, de nombreux marketeurs continuent de concevoir de manière inepte la recherche par mots-clés ou la négligent complètement.

Les moteurs de recherche ajustent constamment leurs algorithmes pour mieux déchiffrer les intentions des utilisateurs et fournir les résultats les plus pertinents pour chaque requête. Et dans le monde en perpétuel changement du SEO, une gamme d'outils pour vous aider à construire une exceptionnel e stratégie de mots-clés avec un effort minimal et des résultats au top :

➡ Analyse

➡ Keyword

➡ Keyword

➡ Organic Traffic

➡ de mots-clés

➡ Magic Tool

➡ Difficulty

➡ Insights

Explorez la demande et trouvez les termes exacts pour cibler les bons clients, analyser la short head, la long tail ou les questions clés !

# Vue d'ensemble des mots clés

Pour commencer votre recherche de mots-clés, faites une liste de quelques termes génériques en lien avec votre business et lancez la **Analyse de mots-clés**. Indiquez l'un de vos mots-clés et appuyez sur le bouton "Recherchez".

Pour votre analyse initiale des mots-clés. Regardons de plus près les fonctionnalités de Keyword Overview :

Recherche organique. Le volume Recherche payante. Cette section Répartition de CPC. Le coût par montre le nombre de recherches fournit le CPC (coût moyen clic à travers différentes bases mensuel moyen pour le mot-clé par clic) et la concurrence des de données. En cliquant sur l'un dans la base de données choisie. annonceurs plaçant des enchères d'eux, vous générerez à nouveau Le nombre de résultats indique sur ce mot-clé.

Concordance. Ce rapport montre la variété des phrases incluant les Résultats de recherche organique. La liste des 100 premiers Cliquez sur "Voir le rapport complet" ou sur un onglet de "Correspondance résultats qui s'affichent pour de phrase" pour élargir et obtenir des données complémentaires. Vous verrez alors le Volume, la Difficulté de Mot-clé, le CPC moyen, la densité de concurrence, le nombre de résultats, les tendances de distribution du volume, et des aperçus du cache des SERP.

Mots-clés associés. Il s'agit des mots qui sont, d'une manière ou d'une autre, liés au mot sur lequel porte votre recherche. De plus, vous verrez à quel moment le mot-clé a été mis à jour pour la dernière fois dans la base de données, et le pourcentage de proximité du mot par rapport au mot-clé ciblé.

Trouvez les bons mots-clés !

# Keyword Magic Tool

Pour créer une puissante master list de mots-clés à partir d'un seul mot-clé racine fourni, rendez-vous dans **l'outil Keyword Magic Tool**, au sein de l'Analyse de mots-clés.

Ce puissant outil enrichira votre stratégie de mots-clés avec des mil ions de suggestions.

Tous les mots-clés sont automatiquement groupés dans des catégories par thème de recherche, ce qui simplifie de manière considérable le workflow.

Entrez un mot-racine pour commencer à travail er sur votre master list.

Vous pouvez entrer jusqu'à 7 mots-clés racines dans les différents tableaux de chaque liste. De la sorte, vous créez des listes pour différents sujets ou campagnes, et pouvez simultanément générer des rapports sur différents mots-clés ou différentes options de filtres.

De nombreux mots-clés à fort volume sont basés sur des questions, et ces phrases déclenchent souvent une position 0 (ou Featured Snippet), ce qui les rend encore plus pertinentes pour votre stratégie SEO. Keyword Magic Tool vous permet en un clic de trier les phrases clés en fonction des pronoms et adverbes interrogatifs en sept langues différentes. Appuyez simplement sur le bouton "Questions" et obtenez les résultats.

Utilisez des filtres flexibles pour spécifier plus en détail le périmètre de vos phrases clés avec un éventail de décompte de mots, de volume de recherche, de difficulté de mot-clé, de CPC et de densité de concurrence.

Incluez ou excluez les mots-clés avec correspondances larges ou exactes, et choisissez les fonctionnalités SERP pour voir apparaître uniquement les mots qui déclenchent cel es-ci (certains mots peuvent déclencher plusieurs fonctionnalités).

À gauche du tableau des résultats, vous verrez les groupes suggérés de sujets associés. Vous pouvez les trier par nombre de mots-clés et par volume total de mots-clés dans un groupe. Explorez ces groupes et sous-groupes (cliquez sur la flèche bleue à côté du nom du groupe), pour trouver les mots de longue traîne et générer des idées de contenus. Notez que toutes les options de filtrage sont automatiquement appliquées à tous les groupes et sous-groupes, chacun pouvant être exclu de la compilation en cliquant sur l'icône en forme d'œil.

| By number | By volume | | All keywords: 4,089 | Total volume: 157,950 | Average KD: 83.49% | | | | | 🛒 Add to KA 1/1,000 | ⬇ Export |
|---|---|---|---|---|---|---|---|---|---|---|---|
| All keywords | 4,089 | | Keyword | Volume | Trend | KD% | CP... | Com. | SF | Resul... | |
| > funny | 632 | | cat memes | 90,500 | | 87.54 | 0.36 | 0.00 | 2 | 122M | |
| ∨ grumpy | 501 | | funny cat memes | 22,200 | | 83.71 | 1.42 | 0.00 | 2 | 115M | |
| > funny | 56 | | | | | | | | | | |
| - clean | 29 | | grumpy cat memes | 22,200 | | 89.12 | 0.33 | 0.00 | 1 | 22.1M | |
| funny | 10 | | | | | | | | | | |
| christmas | 4 | | cat memes clean | 2,900 | | 81.29 | 0.00 | 0.00 | 3 | 94 | |
| silly | 2 | | cute cat memes | 2,400 | | 86.52 | 0.00 | 0.00 | 3 | 86.5M | |

Le tableau contient les informations sur le volume, la difficulté des mots-clés, le CPC et la densité de concurrence pour chaque mot-clé. Il fournit aussi un aperçu et le nombre de fonctionnalités SERP déclenchées (passez votre souris sur cette donnée pour voir apparaître les fonctionnalités concernées). Triez la liste selon la métrique la plus pertinente pour vos besoins. Cochez les cases à côté des mots que vous aimez, exportez tous les mots de la liste, ou uniquement les mots du groupe sélectionné en cliquant sur

"Exporter au format XLSX" et en choisissant une option.

De la même manière, vous pouvez enregistrer vos mots dans le Keyword Analyzer pour effectuer des recherches plus tard. Vous pouvez alors mettre à jour les métriques quand vous voulez, pour obtenir les données les plus récentes (y compris certaines métriques de mots-clés qui n'ont pas pu être trouvées, même dans la base de données élargie Keyword Magic Tool). Vous pouvez également, à partir de Keyword Analyzer, envoyer vos mots-clés à d'autres outils SEMrush (Suivi de Position et PPC Keyword).

## Outil Keyword Difficulty

Database: ▌▌France ∨    Périphérique: Bureau

```
chat
chat noir
|
```

Entrez un mot clé par ligne.
Votre inscription à SEMrush vous permet de comparer la difficulté de 100 mots clés au maximum.

Afficher la difficulté

Mots clés    Aide

KEYWORD DIFFICULTY (3)

⬆ Export

| Mot clé | Difficulté, % | Volume | Résultats | Fonctionnalités SERP | | | | | | | | | | | Tendance | SERP |
|---------|---------------|--------|-----------|----------------------|--|--|--|--|--|--|--|--|--|--|----------|------|
| | | | | Liens siralink | Knowledge Panel | Pack local | Extrait optimisé | Réponse immédiate | À la une | Carrousel | Vidéo en vedette | Images | Avis | Tweet | Vidéo | | |
| chat | 87.59 | 248.000 | 6.000.000.000 | ✓ | | | | ✓ | | | ✓ | ✓ | | | | | |
| chat noir | 75.82 | 18.100 | 160.000.000 | ✓ | ✓ | | | | | | ✓ | ✓ | | | | | |

## Keyword Difficulty

Peut vous aider à estimer le degré de difficulté à obtenir de bons classements pour un mot-clé, grâce à l'outil **Keyword Difficulty.** Avec cet outil, vous pouvez évaluer jusqu'à 100 mots-clés et obtenir leur score de difficulté basé sur l'autorité des 20 domaines positionnés tête de liste, pour ce mot-clé donné.

L'indice de difficulté est exprimé en pourcentage (1-100%). Plus haut il se situe, plus il sera difficile de sortir du lot dans les résultats de recherche organique. Outre la difficulté, le rapport précise aussi le volume mensuel d'un mot-clé, le nombre d'URL dans les résultats organiques, et les fonctionnalités SERP associées. Vous pouvez également voir les extraits des fonctionnalités SERP et les tendances de popularité d'un mot-clé sur les 12 derniers mois.

Estimer la difficulté d'un mot-clé vous permettra de prioriser et d'évaluer le travail nécessaire à accomplir si vous souhaitez promouvoir votre site pour un mot-clé donné.

Il faut savoir être patient pour définir ces bons mots-clés, mais, in fine, vous pourrez obtenir d'excellents résultats avec des mots-clés à fort volume, pour lesquels le niveau de compétition reste moindre.

## Trouvez des mots-clés avec moins de concurrence !

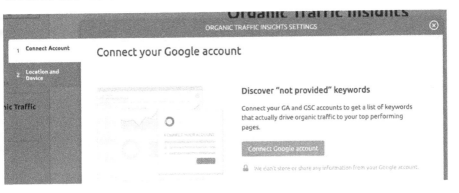

## Organic Traffic Insights

Vous êtes, vous aussi, frustré que Google Analytics vous cache très souvent les mots-clés sur lesquels votre site est indexé ? **Organic Traffic Insights** vous fournit la solution à ce problème, pour vous éviter de construire votre stratégie SEO de façon approximative.

En connectant votre compte Google Analytics, vous obtiendrez la liste détaillée des mots-clés qui apparaissent comme "non-fournis" sur Analytics.

Ouvrez un projet et cliquez sur "Organic Traffic Insights" pour commencer à analyser vos landing pages, mesurer les résultats de vos efforts SEO et identifier des opportunités de croissance de trafic.

## Organic Search Traffic

| Users | New Users | Sessions | Pages / Sessions | Avg. Session Duration | Bounce Rate | Goal Completions |
|---|---|---|---|---|---|---|
| 167 -3% | 128 +4% | 170 -6% | 2.07 -18% | 00:01:44 -20% | 31.76% +17% | 0 |

## Landing Pages:

| Landing Page | Keywords | | Users | | Sessions | | | Bounce Rate | Goal Completion (% of total) |
|---|---|---|---|---|---|---|---|---|---|
| | SEMrush | GSC | All | New | All (% of total) | Pages | Avg. Duration | | |
| A Powerful SEO Toolb... https://www.seoquake... | 484 | 1,040 -133 | 140 +3% | 125 +9% | 142 (83.53%) | 2.13 +4% | 00:01:54 -5% | 25.35% +12% | 0 (0%) |
| Uninstall query \| SEO... https://www.seoquake... | 0 | 0 +14% | 8 | 0 | 8 (4.71%) +14% | 1.25 -3% | 00:00:01 -49% | 75% +5% | 0 (0%) |

L'assistant de configuration vous demandera de vous connecter à votre compte Google Analytics. Faites-le, puis sélectionnez votre compte, votre propriété et votre vue. Vous pouvez également connecter Google Search Console et fusionner les données des outils Google sur un seul rapport, ce qui vous permettra de filtrer et sélectionner différentes métriques. Bien que cette étape soit optionnel e, nous vous recommandons de l'effectuer afin d'obtenir plus de données analytiques et ainsi profiter pleinement de notre outil.

L'étape suivante consiste à sélectionner vos pays et appareils cibles (vous pourrez changer ces données plus tard). Cliquez maintenant sur "Allez sur Organic Traffic Insights" pour générer un rapport.

Vous obtiendrez une liste de vos pages de destination performantes (jusqu'à 50, selon votre abonnement) et les métriques sur le trafic de recherche organique. Par défaut, vous avez accès aux résultats sur les sept derniers jours, mais vous pouvez spécifier la période de temps qui vous convient. Le tableau vous fournira diverses informations : Utilisateurs représente le nombre total de gens qui visitent votre site Nouveaux utilisateurs représente durant une période donnée. Cette métrique est une composante clé les gens qui visitent votre site pour de vos efforts SEO, car el e vous dit approximativement combien de gens la première fois durant la période interagissent avec votre site durant une période de temps donnée.

Sessions. Mesure les visites d'utilisateurs avec des adresses IP uniques, Pages/ Sessions. Nombre moyen qui ont interagi avec un site web dans un cadre de temps donné (30 de pages de votre site visitées par minutes par défaut). Le nombre de sessions représente le trafic du site.

Durée moyenne de session. Temps Taux de rebond. Pourcentage de Atteinte d'objectifs. Si vous avez moyen sur lequel votre audience sessions avec consultation d'une paramétré des objectifs dans reste sur vos landing pages.

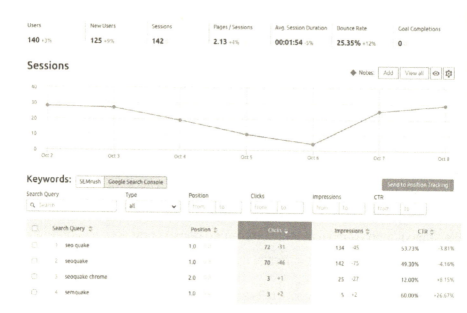

En dessous du tableau, la liste des landing pages vous est proposée. El e peut être triée selon différentes métriques pour vous aider à analyser la performance de chaque page.

Cliquez sur un chiffre bleu, dans les colonnes de mots-clés, pour étudier les mots qui génèrent du trafic, et les positions qu'ils occupent. Vous pouvez choisir le fournisseur de mots-clés. la difficulté de mot-clé, et la part de trafic qu'ils génèrent. Google Search Console vous montrera les taux de clics, le nombre de clics qui mènent les utilisateurs de la SERP jusqu'à votre page et le nombre d'impressions (combien de fois le lien vers votre site a été vu par un utilisateur, sur la SERP).

Dans le rapport de mots-clés, un graphique vous présente les dynamiques du nombre de sessions sur une certaine durée et une liste de mots-clés.

Vous pouvez effectuer tout type de requête dans cette liste, ou limiter vos recherches en précisant des critères spécifiques pour différentes métriques. Vous pouvez également filtrer les mots-clés par type : Nouveau.

Mots-clés pour

Ce système de filtre très avantageux pour améliorer votre performance et gagner du temps n'est pas présent sur la Google Search Console, mais l'outil Organic Traffic Insights vous offre cette option. Vous pouvez aussi envoyer les mots-clés à l'outil "Suivi de position" ou exporter le rapport en format CSV ou Excel.

## Link Building

Un fort portefeuil e de backlinks est l'un des facteurs les plus cruciaux pour le succès de votre SEO. De nombreux backlinks provenant de ressources faisant autorité envoient un signal fort aux moteurs de recherche en ce qui concerne la qualité de votre contenu, et par conséquent augmentent vos chances d'être dans les premières places des résultats de recherche. Il est inutile de préciser qu'il s'agit aussi d'une bonne source de trafic de qualité vers votre site.

Le processus de Link building inclut plusieurs étapes : définir les opportunités pour de nouveaux backlinks, analyser la qualité de votre profil de backlinks et maintenir des registres propres de backlinks en se débarrassant à temps des backlinks toxiques.

Pour chacune de ces étapes, un outil adapté pour vous aider à garder un portefeuille de backlinks au meilleur de sa forme :

➡ Backlink

➡ Analyse

➡ Audit

➡ Outil

➡ Analytics par lots de backlinks de Link Building

Backlinks: nike.com

Portée du rapport: Domaine racine ~    Dernière mise à jour: Il y a 17 j.    Données : Actualisées    Catégories : Shopping > Apparel > Athletic Apparel 6 de plus

Vue d'ensemble    Backlinks    Ancrages    Domaines référents    Adresses IP référentes    Pages référencées    Concurrents    Plus

Données de nike.com    + Ajouter des concurrents

| Total backlinks | Domaines référents | Adresses IP référentes | Authority Score | |
|---|---|---|---|---|
| 63,7 Mns +5.5 Mns -6.2 Mns | 124 K | 128 K | 82 ∨ aucune modification | Afficher la tendance Authority Score |

Backlink Analytics

Toute stratégie de link building commence par une analyse détaillée de votre portefeuille actuel de backlinks. Celui-ci doit être révisé régulièrement pour évaluer ses forces et faiblesses. De plus, l'analyse des profils de backlinks de vos concurrents vous aide à faire surgir de nouvelles opportunités pour enrichir votre propre profil.

En entrant votre adresse de domaine (ou tout lien que vous souhaitez analyser) dans

**Backlinks,** vous obtenez une vue générale de votre profil de backlinks ou de celui d'un concurrent à un moment donné.

Dans l'onglet "Vue d'ensemble", vous pouvez également voir de nombreuses métriques quantitatives du profil, tel es que le nombre total de backlinks, le nombre de domaines référents pour le site analysé (un domaine, un sous-domaine, ou la page spécifique que vous avez sélectionnés), le nombre d'IP référents, et les scores de domaine et de confiance du site.

De plus, vous pouvez voir les performances de ce profil de backlinks en dynamique.

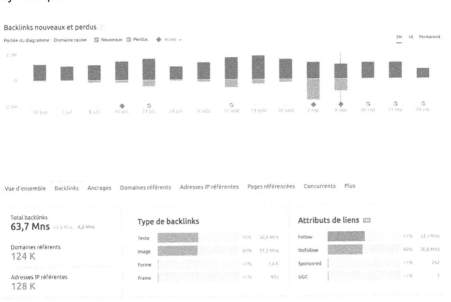

Si vous souhaitez analyser plus en détail le profil de backlink, allez dans l'onglet "Backlinks".

Vous y trouverez les différents types de backlinks les plus communs dans le portefeuille analysé (texte, image ou autre), le pourcentage de liens avec un attribut "nofolow", et la liste actuel e des backlinks. S'il s'agit de vos backlinks, vous pouvez filtrer ceux qui vous paraissent suspects et les ajouter dans la liste des "Désavoués". Si vous analysez le profil de votre concurrent, regardez les liens qu'il a perdus. Ceux-ci peuvent vous fournir une opportunité de link building.

Dans l'onglet "Ancrage", vous pouvez analyser les ancres de vos backlinks.
En les triant par nombre de backlinks, nombre de domaines référents, selon les moments où el es ont été vues pour la première et dernière fois, vous pouvez déterminer les plus populaires et les plus récentes.

Les onglets "Domaines référents" et "Adresses IP référentes" vous montrent la distribution de votre portefeuille de backlinks par TLD (top-leading domain) et par pays. Vous voyez ainsi quels domaines et quels IP référents pointent le plus vers votre site.

Vous pouvez également utiliser ces onglets pour analyser en détail le portefeuil e de backlinks de vos concurrents, dans la mesure où le seul nombre de backlinks n'est pas suffisamment significatif.

L'onglet "Pages référencées" fournit les informations sur les pages de votre site vers lesquel es pointent des backlinks.

Vous pouvez voir ici également combien de backlinks reçoit une page, combien de liens externes el e comporte (c'est à dire vers combien de pages sur des domaines externes el e pointe) et combien de liens internes conduisent de cette page vers d'autres pages du même domaine.

## Analysez vos backlinks et ceux de vos concurrents !

### Analyse de backlinks en lots

Entrez jusqu'à 200 URL/domaines, un(e) par ligne  2/200        Consulter les mots clés

```
https://www.nike.com
https://www.adidas.com
```

Portée des résultats  Auto ∨  Comparer          ✕ Effacer

### Par métriques 2

⤓ Exporter

| No. | Domaine ou URL | AS | Backlinks | Domaines | Follow / Nofollow | Textes | Images | Formes | Frames | d'infos |
|-----|----------------|-----|-----------|----------|-------------------|--------|--------|--------|--------|---------|
| 1 | nike.com ⬈ domaine racine | 82 ∨ | 63 680 203 | 124 200 | 33,1 Mns / 30,6 Mns 52% / 48% | 32,4 Mns 50% | 31,3 Mns 49% | 3,4 K <1% | 933 <1% | plus ∨ |
| 2 | adidas.com ⬈ domaine racine | 82 ∨ | 43 509 239 | 57 213 | 37,6 Mns / 5,9 Mns 87% / 13% | 37,2 Mns 85% | 6,3 Mns 14% | 439 <1% | 453 <1% | plus ∨ |

## Analyse par lots

Dans l'outil Analyse par lots, vous pouvez voir et évaluer les portfolios de backlinks de jusqu'à 200 URL selon le score d'autorité, les backlinks, les domaines référents, les IP, et les formats de backlink.

Ce rapport est aussi utile pour comparer que pour évaluer la performance de vos contenus face à vos concurrents.

Vous pouvez exporter les données de n'importe quel onglet vers un format .csv ou .xls, en utilisant le bouton "Exporter". Ceci est très utile pour une utilisation dans d'autres outils de backlinks ou de reporting.

## Backlink Audit

Au-delà de l'identification de nouvel es opportunités de link building, votre tâche principale est de conserver un profil de backlinks propre, afin qu'il ne soit pas pénalisé par Google en raison d'un nombre trop grand de liens toxiques. La présence de nombreux liens issus de sources suspectes est bien souvent un indicateur montrant que le site utilise des techniques de spamming SEO, ce qui comporte un haut risque de pénalités et de sanctions depuis les dernières mises à jour de Google.

Si l'outil Backlink Analytics est particulièrement utile pour l'analyse de masse,

**Backlink Audit** fournit une vue en profondeur des backlinks de votre domaine et vous permet de maintenir votre profil dans des conditions opérationnel es optimales. Cela inclut la détection des backlinks toxiques, en les ajoutant à la liste des "Désavoués"

ou en contactant le propriétaire du domaine pour lui demander soit la suppression, soit le changement du lien... mais aussi la surveil ance de vos progrès en regardant de près les liens Nouveaux et Perdus.

## Intégrations

Pour vous aider à travail er avec le périmètre global de vos backlinks, l'Audit de Backlinks offre désormais plusieurs intégrations possibles.

➡ Google

➡ Search

➡ Google

➡ Majestic

➡ Console

➡ Analytics

En intégrant votre compte Google Analytics à Google Search backlinks apportent du trafic Majestic, le fait de l'intégrer Console, vous obtiendrez une à votre site. Cette information vous donnera une vue complète de votre profil ensuite utilisée pour recalculer l'avantage majeur d'utiliser une de backlinks. Vous pourrez le Score Toxique des backlinks, solution d'audit de backlinks facilement mettre à jour votre ce qui diminue le risque potentiel globale sur une base de données liste de « Désavoués » et aurez des backlinks valables.

☐ **Réseaux de liens**

☐ Pages miroirs
☐ Réseau de liens (par IP)
☐ Réseau de liens (par GA ID)
☐ Réseaux de liens (info whois)
☐ Link network (by AdSense ID)

☐ **Spam dans les communautés**

☐ Spam en signature de publication de blog
☐ Spam en commentaire de page

☐ **Environnement nuisible**

☐ Domaine désindexé
☐ Page malveillante
☐ Erreur de la communauté
☐ Avertissement de la communauté
☐ Domaine non indexé
☐ TLD de spam
☐ Mauvais profil de backlinks
☐ Erreur de statut HTTP (400, 500)
☐ Domaine faible
☐ Faible puissance du domaine
☐ Frame utilisé
☐ Ratio follow/nofollow suspect pour le domaine
☐ Mauvais profil de backlinks du domaine

☐ **Liens manipulateurs**

☐ Texte d'ancrage « Money »
☐ Répertoire de liens
☐ Densité de liens élevée de la page référente
☐ Densité de liens élevée du paragraphe
☐ Lien sitewide
☐ Lien de publication d'invité

☐ **Domaine source non pertinent**

☐ Erreur de pertinence géographique
☐ Thème de domaine non pertinent

À examiner 991 596 | Liste blanche 0 | Tous les liens 991 596

## Détecter les liens toxiques

Pour détecter les liens potentiellement nuisibles, vous devez commencer par consulter l'onglet "Audit". Il vous montre tous vos liens divisés en trois listes : à examiner, Liste blanche et Tous les liens.

Si vous utilisez pour la première fois l'outil Audit de Backlinks, vous avez autant de liens dans la catégorie "à examiner" que dans la catégorie "Tous les liens". La taille de cette dernière catégorie commencera à diminuer lorsque vous travaillerez sur votre profil.

L'outil Audit de Backlinks classe les liens toxiques par ordre de toxicité, les liens ayant les plus hauts scores toxiques apparaissant sur la première page. Le Score toxique se base sur une échelle de 0 à 100, 0 étant considéré comme sûr et 100, extrêmement toxique.

50 marqueurs différents de toxicité sont utilisés pour calculer ce score.

Vous pouvez également sélectionner les marqueurs toxiques que vous estimez les plus nuisibles pour trouver les backlinks que vous considérez les plus toxiques selon une liste de marqueurs que vous avez spécifiée.

Vous accédez alors aux backlinks organisés par Score de toxicité, le premier de la liste étant celui le plus toxique.

En cliquant sur la valeur du score de toxicité du backlink, vous verrez la liste des marqueurs de toxicités associés à ce lien.

Info "Whois" — les domaines ont les mêmes informations "Whois"

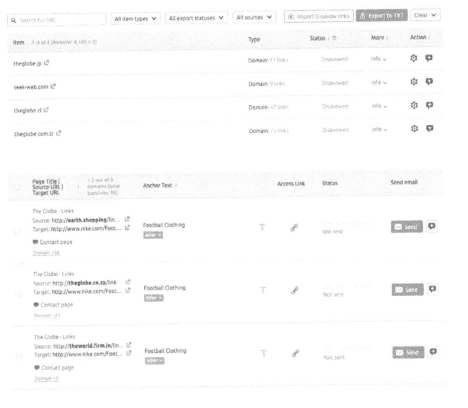

Ensuite, en cliquant sur "Désavouer", vous enverrez le domaine dans votre liste de rejets, qui est disponible grâce à votre intégration avec Google Search Console.

Pour réviser le statut actuel des backlinks que vous avez envoyés dans la liste

"Désavoués", vous pouvez vous rendre dans l'onglet "Désavoués".

## Diffusion

Si vous préférez contacter le propriétaire du site et lui demander de supprimer le lien (ou de le changer), sélectionnez l'option "Supprimer" pour ajouter ces liens dans la liste des suppressions.

Dans l'onglet "Supprimer", vous verrez les domaines que vous avez ajoutés à la liste, ainsi que les contacts pour ces domaines, que Backlink Audit trouve automatiquement.

First email message    Product review follow-up

From: ⚠ Reconnect

To: ☐ kmccotter@themagnificentmile.com   ☐ jparo@themagnificentmile.com
☐ agordon@themagnificentmile.com   + Add recipient

Drag and drop placeholders: ⟨your project domain⟩  ⟨URL of prospect⟩  ⟨domain of prospect⟩

⬇ Save template   ↺ Reset   ⊙ Preview

Subject:

Your most beloved tools for link building

Hi!

That's Molly from SEMrush - world's leading all-in-one marketing toolkit for digital marketing professionals. I've come across your work on various occasions and really enjoyed your great reviews of marketing tools, that help marketing professionals become more effective.

This month we are adding a new product to our platform with its main goal to simplify link building processes for online marketing professionals. It's a brand new Link Building tool.

The tool is designed to automatically collect and sort link building ideas, collect and store contact information and to simplify outreach process.

I think could be beneficial for us to partner up on. Let me know if you're interested in working something out. It'd be great to get on a 20 min call next week for a small demo personally for you.

**Send and proceed to next**    Next domain                           I have sent it manually

Si vous intégrez votre compte Gmail ou Microsoft email à l'outil, vous pourrez directement envoyer un email au propriétaire du site depuis l'outil. En cliquant sur "Envoyer", vous serez dirigé vers un email-type demandant au propriétaire d'effacer les liens vers votre site.

After sending the email, you will be able to track the email in the Status column.

➡ Les statuts d'email

➡ Non envoyé

➡ Remis

➡ Répondu

➡ incluent :

➡ Envoyé

➡ Ouvert

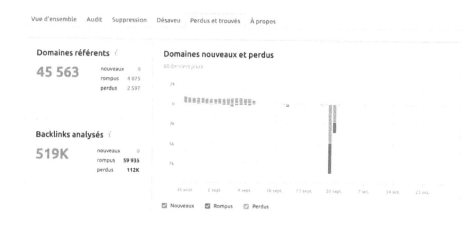

## Suivi des progrès

Le rapport "Perdus & Gagnés" vous permet de suivre quels liens ont été gagnés ou perdus au fil du temps, ce qui vous permet d'avoir une meilleure vision globale. Vous pouvez ainsi suivre le succès de votre link building en contrôlant vos liens nouvellement acquis et dépasser les domaines avec des liens perdus ou cassés.

En haut du rapport, vous pouvez suivre visuellement vos liens Nouveaux, Cassés et Perdus sur les 30 derniers jours.

Le lien est considéré comme Nouveau s'il est apparu au cours des 30 derniers jours.

Le lien est considéré comme Cassé si la page sur laquelle il était présent auparavant n'est pas disponible depuis 60 jours ou moins.

Le lien est considéré comme Perdu s'il n'a pas été trouvé au cours des 60 derniers jours ou moins.

Dans ce graphique, vous avez aussi accès à des Notes qui fournissent des informations sur les possibles mises à jour Google ainsi que sur les améliorations des algorithmes à cette date.

De plus, le rapport vous montre la liste de tous vos liens nouveaux, perdus et cassés, que vous pouvez gérer un par un, ou en masse.

Grâce à la fonction "Déplacer un groupe de backlinks", vous pouvez garder les backlinks sélectionnés ou les effacer.

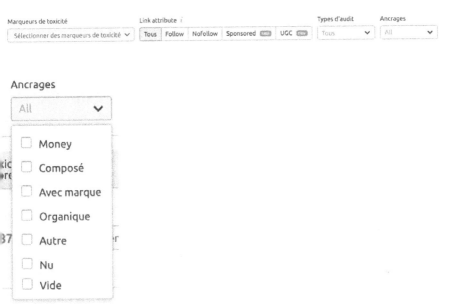

Le filtre "Marqueur toxique" est similaire à celui de l'onglet Audit, et montre la liste de tous les marqueurs toxiques qui influencent le score de toxicité des backlinks.

Le filtre "Attributs du lien" vous permet de filtrer les backlinks avec des attributs Nofollow, Sponsored, ou UGC.

Le filtre "Ancrage" vous permet de trouver des backlinks avec des ancres spécifiques.

Après avoir sélectionné les backlinks concernés, vous pouvez procéder aux mêmes opérations que dans l'onglet Audit : les envoyer vers la liste blanche ou les effacer.

## Réalisez un audit global de tous vos backlinks

Prospects    In Progress    Monitor    About

| All Prospects | Organic Search | Competitors | Mentions | Manual Upload | Lost Backlinks | Rejected |
|---|---|---|---|---|---|---|
| 7,147 | 857 +44 | 4,151 -2 | 72 | 1 -1 | 2,088 -2,975 | 18 |

## Link Building Tool

Au cours des dernières années, le process de link building est devenu avant tout une activité de Relations Publiques. Obtenir des liens de haute qualité et maintenir un portefeuil e de backlinks en bon état est un travail à temps complet : dans la mesure où les backlinks sont l'un des plus forts signaux de positionnement, ils requièrent une attention toute particulière.

Pour vous aider à identifier les meil eures et plus significatives opportunités de backlinks et optimiser vos campagnes de link building, Ses bénéfices peuvent se diviser en trois catégories :

➡ Trouver les ressources
➡ Automatiser
➡ Suivre

## Trouver des opportunités

la liste de mots-clés pour lesquels vous souhaitez être bien positionné ; les backlinks de vos concurrents organiques ; les mentions du nom de votre marque ; la liste d'URL que vous téléchargez manuel ement, et la liste des liens perdus issus de Backlink Audit. En connectant votre Google Search

Console au projet, vous pouvez de plus exclure les backlinks de sites qui vous réfèrent déjà.

Vous pouvez voir l'ensemble des catégories depuis l'onglet "Prospects".

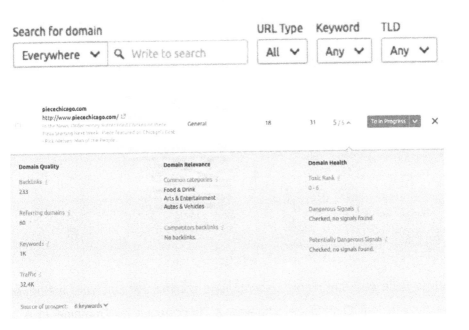

La catégorie "Rejetés" contient les prospects avec lesquels vous ne souhaitez pas travail er. Pour qu'un domaine soit listé comme "Rejeté", vous devez l'effacer de toute autre liste en cliquant sur la croix.

Vous pouvez sélectionner les prospects avec lesquels vous voulez travail er en appliquant plusieurs filtres.

Les prospects sont listés par ordre de notation, celle-ci étant basée sur plus de 50 facteurs et fournissant de l'information sur la qualité de la source des backlinks et leur accessibilité. La hauteur de leur notation dépend de la valeur des backlinks pouvant être acquis et de leur facilité d'acquisition.

Sur la fiche détaillée d'un prospect, vous pouvez voir plusieurs métriques relatives à leur Qualité de domaine, à l'Importance du Domaine et à la Santé du domaine.

Sur la base de ces informations, vous pouvez décider de rejeter ou non le prospect.

## Automatiser la diffusion

Si vous décidez de travailler avec le prospect, vous pouvez le déplacer dans la liste "En cours" avec l'une des stratégies de link building appliquées. Vous pouvez aussi créer jusqu'à 7 stratégies personnalisées pour chacun de vos projets.

Chaque stratégie est associée à un template d'email, qui spécifie les conditions dans lesquel es vous souhaitez que votre lien soit placé sur le domaine du prospect.

Certaines stratégies ont plusieurs templates (par exemple, le premier email et le suivi), qui se basent sur les Best Practices du secteur.

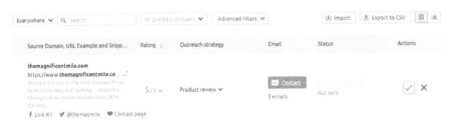

En cliquant sur "Envoyer", vous accédez au template et pouvez le personnaliser selon vos besoins. Vous pouvez connecter votre compte Gmail à l'outil de Link Building, afin de pouvoir envoyer et suivre les emails directement depuis l'outil, ou bien vous pouvez l'utiliser comme générateur de template et l'envoyer depuis un autre compte mail, sachant que Google impose une restriction de maximum 500 emails envoyés par jour.

Cet outil de diffusion fonctionne de manière similaire à Backlink Audit, cependant l'objectif de cette communication est généralement différent.

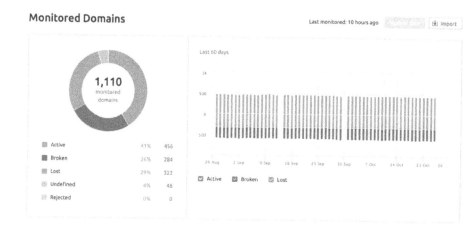

## Contrôler les progrès

Après avoir commencé à travail er avec le prospect, vous pouvez suivre les progrès de votre colaboration dans l'onglet "Contrôler". Ici vous pouvez voir si le backlink est visible dans le domaine référent sélectionné, ainsi que son statut.

## Suivi du Classement

Pour rester parmi les leaders du jeu SEO, vous devez garder un œil de lynx sur vos rankings, la volatilité des SERP et les fluctuations des algorithmes de Google. Même si vous créez une page d'une absolue perfection SEO qui va directement vous propulser dans les top-positions, il n'existe absolument aucune garantie que vous y restiez.

Position

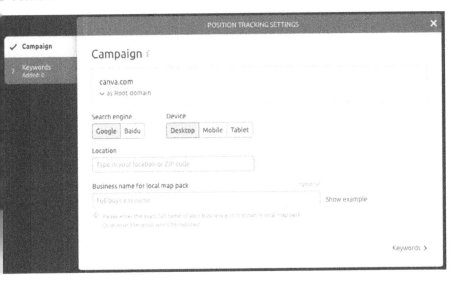

## Suivi de Position

**Le Suivi de position (Position tracking)** est un outil puissant et modulable conçu pour suivre simultanément la performance de recherche de votre site en divers lieux et sur différents appareils. Vous pouvez également obtenir des informations très précieuses sur les fonctionnalités SERP, trouver votre concurrence locale et comparer votre efficacité avec 20 concurrents (maximum).

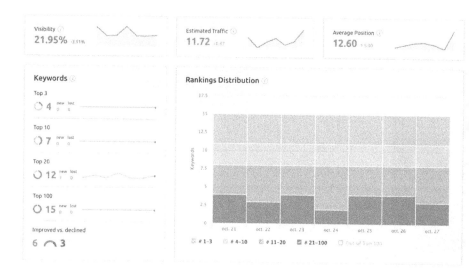

Le rapport Landscape de Suivi de position permet d'obtenir une vue d'ensemble rapide des progrès de vos campagnes de suivi. De là, vous pouvez observer la tendance de votre domaine pour la visibilité et le trafic estimé ainsi que vos meil eurs mots clés, mais aussi comprendre ce que vous perdez.

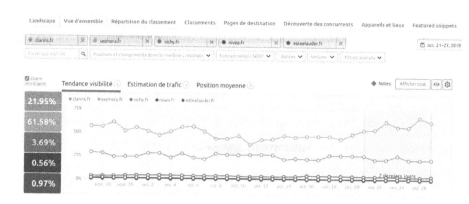

Notez que la campagne de suivi commence le jour du paramétrage et que vous devrez attendre quelque temps pour que l'enregistrement des progrès puisse commencer à s'enregistrer.

Dans l'onglet Vue d'ensemble, vous pouvez comparer jusqu'à 5 domaines en même temps, et obtenir un résumé de la visibilité de votre domaine, du trafic estimé, et de la position moyenne pour chaque mot clé que vous suivez.

Tout d'abord, voyons le menu du haut :

Dernière mise à jour. Indique Appareil et lieu. Les abonnés Guru et Business peuvent ajouter quand l'information sur la de nouveaux lieux et appareils à leur campagne (importez les mots-campagne a été mise à jour pour clés depuis un rapport existant ou ajoutez un nouvel ensemble). Avec la dernière fois. ce sous-menu, vous pouvez aussi fusionner des campagnes rattachées à des projets différents.

Mots-clés. Ajouter ou supprimer Concurrents. Ce bouton vous Volume. Passez alternativement des mots-clés depuis votre permet d'éditer la liste de vos des données de volume local données nationales (si vous avez choisi un paramètre local).

Type. Sélectionnez "Organique" Décompte de classement. Vous permet d'exclure les Packs locaux ou "or Google Ads" pour passer et les Top Stories de votre décompte de classement (autrement dit, des résultats organiques à ceux si la SERP a un pack local avec 3 résultats organiques, le premier de la recherche payante.

Rankings Overview 1 - 12 (12)

Add keywords +

| | Keyword | SERP Features | conniespizza.com | | ginoseast.com | | pizanoschicago.com | | chicagos-pizza.com | | CPC | VOL |
|---|---|---|---|---|---|---|---|---|---|---|---|---|
| | | | 6 Jan | Diff | 6 Jan | Diff | 6 Jan | Diff | 6 Jan | Diff | | |
| | 1 pizza chicago | | 12 | | 9 | ↓1 | 8 | ↑1 | 29 | ↓7 | 1.31 | 2,900 |
| | 2 deep dish pizza chicago | | 44 | ↑3 | 19 | | 33 | | 80 | ↓9 | 1.39 | 3,600 |
| | 3 chicago deep dish pizza | | 88 | ↑13 | 17 | ↓1 | 30 | ↓1 | 67 | | 1.55 | 1,800 |
| | 4 chicago pizza | | 101 | ↓1 | 19 | ↑20 | 77 | ↑3 | 4 | | 0.39 | 1,600 |

Au-dessus de la "Vue générale" figure un graphique de tendances ; vous pouvez passer de "Tendance de Visibilité", à "Trafic estimé" (ces deux catégories sont basées sur le classement des sites et des taux de clics des mots-clés ciblés), à "Position moyenne".

Vous pouvez changer la sélection de dates, voir les notes signalant des mises à jour Google, ou ajouter des notes personnalisées.

Sous le graphique des tendances se situe la Vue générale des Positionnements, véritable pierre angulaire du Suivi de Positionnement.

Ce tableau présente les mots-clés ciblés, les différentes fonctionnalités de SERP déclenchées par les mots-clés, leur CPC et leur volume, ainsi que les positions actuel es de tous les domaines sélectionnés. Les chiffres verts et rouges avec des flèches montrent si la position s'est améliorée ou a décliné (dans la période de temps sélectionnée). En cliquant sur n'importe quelle position, vous pourrez voir la landing page exacte qui est classée pour le mot-clé. Appuyez sur le bouton "Voir la SERP" pour avoir un aperçu de la SERP.

Vous pouvez filtrer par mot-clé, ou ouvrir les menus déroulants pour filtrer : Top positions & changements. Fonctionnalités SERP. Ce filtre vous permet de trouver les mots-clés Définissez différentes séries de qui déclenchent certaines fonctionnalités SERP, ou, alternativement, position pour tous les mots-clés. ceux qui n'ont pas ces fonctionnalités (sélectionnez Fonctionnalités Vous pouvez aussi choisir de ne sur la SERP ou Fonctionnalités non présentes sur la SERP selon votre montrer que les mots-clés Nouveaux besoin). Vous pouvez aussi choisir de voir si le domaine que vous avez ou Perdus au sein de la série défini comme étant le premier, se positionne ou ne se positionne pas.

Distribution de Rankings. Ici, vous pouvez comparer Rankings. Il s'agit d'une version détail ée du rapport la visibilité et le trafic estimé de domaines pour Vue générale. Ici vous pouvez filtrer les mots-clés découvrir qui s'en sort le mieux sur les mots-clés selon leur éventail de positions, voir les positions ciblés. Comparez "Tous les concurrents ajoutés" de la première et de la dernière date sur la période ou entrez des concurrents spécifiques dans le champ de temps sélectionnée, et obtenir le graphique des d'input. Sélectionnez la période de temps, et filtrez tendances de ranking pour chaque mot-clé.

En cliquant sur le nombre total de mots-clés d'un dépend du lieu et de l'appareil que vous avez prédéfinis domaine, vous obtiendrez la liste complète des mots-pour votre campagne. Vous pouvez cibler des zones clés avec des informations sur chacun, y compris les spécifiques, afin d'identifier vos concurrents locaux. fonctionnalités SERP déclenchées. Si vous suivez Pour augmenter la pertinence des résultats, vous les recherches sur mobile, vous verrez également s'il pouvez exclure jusqu'à 20 concurrents ; sélectionner y a des Accelarated Mobile Pages (icône AMP).

la profondeur d'analyse des SERP (des positions top 3 jusqu'au top 100); paramétrer le nombre de résultats que vous avez prédéfinis dans votre campagne.

Tout Featured snippets. La solution Featured Snippet est en haut, vous verrez le graphique de tendances, qui est un atout de l'outil Suivi de position, conçu pour vous le même que celui du rapport de Vue générale, si ce n'est aider à analyser et gagner des positions sur les SERP.

La liste des mots-clés située sous les widgets montre -selon l'onglet choisi- : les mots-clés offrant des Featured Snippets sur la SERP, leur volume, les positions de landing page, et le gain ou la perte estimée de trafic.

Opportunités. Cet onglet liste les mots-clés qui Perdu de la SERP. Ici vous pouvez voir les mots-clés déclenchent un Featured Snippet, pour lequel qui ont arrêté de déclencher des Featured Snippets.

le domaine ciblé n'apparaît pas. Il fournit aussi Regardez bien les mots-clés étiquetés "Vous" ; la différence de positions organiques entre votre ce sont les mots pour lesquels le domaine cible avait site et le domaine qui détient le Featured Snippet. précédemment obtenu des Featured Snippets.

Si la différence est positive, cela signifie que votre classement est meil eur que le domaine mis en avant Nouveau sur la SERP. Cette section vous fournit et que vous donc de fortes chances d'apparaître les mots-clés qui ont commencé à déclencher en Featured Snippet.

Contrôlez les rankings des sites web !

Snippet dans la période de temps donnée.

Changement d'URL. Cet onglet montre les cas où le domaine cible était présent dans un Featured Snippet pour un certain mot-clé, et l'est toujours, mais désormais avec une autre page.

| Catégories | |
| --- | --- |
| Toutes les catégories | 0.8 |
| Actualités | 2.0 |
| Alimentation | 0.6 |
| Animaux | 0.7 |
| **Arts et loisirs** | **2.3** |
| Autos et véhicules | 0.8 |
| Beauté et bien-être | 0.8 |
| Commerce et industriel | 0.7 |
| Communautés en ligne | 3.1 |
| Droit et gouvernement | 0.7 |
| Emploi et formation | 0.6 |
| Finance | 0.7 |

**Arts et loisirs** ×
lundi 28 octobre

**2.3** /10                                          2.1k

Plage normale
Un autre jour comme les autres. Bien que certains sites subissent des changements de classements insignifiants, cela est très probablement dû au fait que ces sites ou leurs profils de backlink sont mis à jour. Aucune raison de s'inquiéter.

</> Intégrer le widget

## Sensor

Contrôler les rankings de votre site et de La Vue générale disponible sur l'outil vos concurrents est un élément décisif Sensor vous accueil e avec un widget de toute stratégie SEO, mais ce n'est pas de score défini par des couleurs. Le bleu toujours suffisant. Google expérimente représente une volatilité faible (0 à 2), de manière constante des changements le vert une volatilité normale (2 à 5), le jaune d'algorithme, les mises à jour surviennent une volatilité haute (5 à 8), et le rouge une ainsi de manière quotidienne. C'est volatilité très haute (8 à 10). Vous pouvez pourquoi il est indispensable de toujours choisir une des six bases de données garder un œil sur la volatilité globale des pour desktops ou mobiles dans la Vue SERP.

La volatilité des SERP se mesure sur une par l'analyse de l'historique des données.

Vous pouvez aussi vous abonner aux une formule qui utilise des ensembles notifications pour recevoir des alertes larges de mots-clés déterminés. Plus email ou des push notifications de votre haut est le score, plus il y a de risques navigateur, quand la volatilité passe d'un de changements au niveau de Google, rang haut à très haut.

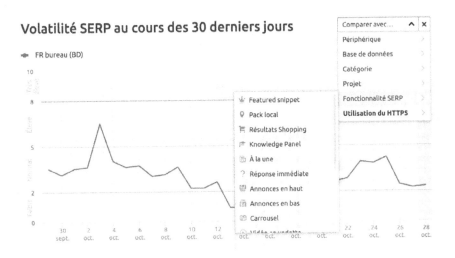

**Volatilité SERP au cours des 30 derniers jours**

## Occurrence des fonctionnalités SERP ⓘ
(dans le top 20)

## Utilisation du HTTPS ⓘ

| | | |
|---|---|---|
| 👑 Featured snippet ⓘ | **4.72%** | −0.10 |
| 📍 Pack local ⓘ | **12.04%** | −0.01 |
| 🛒 Résultats Shopping ⓘ | **2.49%** | −0.70 |
| 📖 Knowledge Panel ⓘ | **53.35%** | −0.09 |
| 📰 À la une ⓘ | **16.96%** | −0.83 |
| ❓ Réponse immédiate ⓘ | **7.31%** | −0.11 |
| 🖼 Annonces en haut | **7.42%** | +0.18 |
| Pas de fonctionnalités SERP ⓘ | **3.38%** | +0.04 |

Toutes les fonctionnalités SERP ⌄

**Top 10**
86.43%
+0.04

**Top 20**
85.53%
+0.07

■ HTTPS  ◌ HTTP

Différentes catégories sur la gauche utilisent des ensembles spécifiques de mots-clés pour représenter les différents secteurs d'activités. Analyser les différentes catégories peut s'avérer être d'une aide précieuse si votre business est au carrefour de plusieurs secteurs, ou si vous cherchez à développer un nouveau marché. Changer la catégorie générera un nouveau rapport.

Le graphique de tendances sous le widget de score montre la volatilité au cours des 30 derniers jours, en précisant grâce à des notes les mises à jour de Google. Utilisez la fonction "Comparer" avec le menu déroulant pour étudier deux appareils, pays ou catégories en un seul coup d'œil. Vous pouvez également l'utiliser pour comparer l'une de vos campagnes de Suivi de position au reste de Google (vous devez auparavant le prédéfinir dans l'onglet Score Personnel), voir les fluctuations des apparences de fonctionnalités SERP, et examiner les changements d'usage du HTTPS dans le top 10 et le top 20.

Le widget "Occurrence de fonctionnalités Le widget "Usage du HTTPS" vous indiquera SERP"    fournit des éclairages sur la présence le pourcentage de sites utilisant le protocole de fonctionnalités SERP. Le pourcentage montre sécurisé dans le top 10 et dans le top 20 des résultats à quelle fréquence une certaine fonctionnalité de recherche Google.

# CHAP 4 : ON PAGE & TECH SEO

Même le meilleur des contenus ne pourra pas sauver votre SEO, si celui-ci n'est pas optimisé et si le reste de votre site est chancelant. Une architecture sur le point de s'effondrer, des liens cassés, des codes d'erreur HTTP, des erreurs HTML et d'autres types de problèmes viendront à bout de tous vos efforts.

S'assurer que votre site est en place, autant en termes de contenus qu'en termes de conditions techniques, peut se faire en trois étapes. Tout d'abord, vous devez identifier et corriger les problèmes techniques ; vous devez ensuite travail er sur l'aspect SEO-friendly de votre site ; et enfin, vous devez vous assurer que le contenu créé est optimisé SEO.

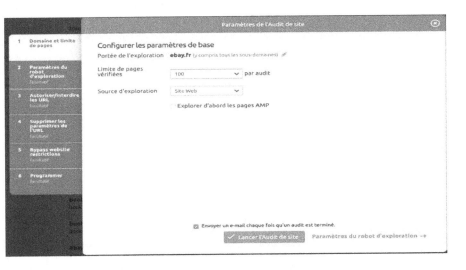

## PARTI 1 : AUDIT DE SITE

Le paramétrage de **l'Audit de site** consiste en 5 étapes. Seule la première est obligatoire ; les autres sont optionnelles, mais elles peuvent rendre le processus d'audit plus rapide et ainsi ménager les limites de votre compte.

1. Choisissez le domaine, sous-domaine ou sous-dossier, et définissez le nombre de pages à explorer.
2. Configurez les paramètres d'exploration. (ils peuvent aussi être mobiles !). Si vous utilisez le paramètre de délai d'exploration les paramètres des URL que vous voulez   supprimer avant l'exploration. Par exemple, les catalogues ou les boutiques en ligne peuvent inclure beaucoup de paramètres de triage qui sont inutiles elle représente un nid d'erreurs potentielles.
3. À la troisième étape, vous avez la possibilité de spécifier les pages que vous souhaitez voir explorer ou non durant l'audit. Vous pouvez permettre ou non des sous-fichiers ou des URL particulières.
4. Laissez le Bot par défaut comme avoir à désactiver votre protection par robot d'exploration ou choisissez GoogleBot dans le fichier robots.txt de votre site, vous pouvez utiliser le robot d'exploration d'Audit de site pour en tenir compte.

5. La prochaine étape consiste à renseigner les AMP (Accelerated Mobile Pages) : l'implémentation des AMP permet certes une vitesse très rapide de chargement, mais pour l'exploration.

Vous pouvez permettre à Audit de site de contourner les restrictions sans mot de passe : entrez simplement les identifiants dans les paramètres de l'outil.

La dernière étape est la programmation des nouvel es explorations. Si vous prenez soin de la santé technique de votre site, il est préférable d'effectuer des contrôles réguliers.

Les problèmes principaux "Top issues" présentent les trois plus importantes erreurs qui apparaissent sur les pages crawlées. El es sont déterminées sur l'ensemble de votre périmètre par le niveau de priorité qu'el es représentent, et comportent des erreurs qui vous aideront à prioriser vos taches.

Au total, l'Audit de Site propose plus 80 fois des changements ont eu lieu au cours vérifications pour de nombreux problèmes des sept derniers crawls. Les petits SEO. Vous pouvez tous les consulter dans chiffres (verts et rouges) situés à côté l'onglet "Problèmes". Tous les problèmes indiquent le nombre minimal et maximal sont regroupés dans trois catégories : de ces erreurs lors des derniers crawls.

Erreurs, Avertissements, et AVIS, selon leur niveau de priorité. Par exemple, des L'Audit de Site vous permet aussi d'envoyer URL trop longues (placées dans la section directement un problème à votre équipe de télécharger un PDF avec des schémas des statistiques de l'audit, vous pouvez

"AVIS") sont un problème beaucoup moins développeurs sur Trel o, afin qu'ils puissent sévère que des pages non explorables travail er sur le sujet (vous pouvez aussi (placées dans la section "Erreurs"). Si vous exporter tous les problèmes en format .xls pensez que certains problèmes ne sont ou .csv). Si vous avez besoin d'un rapport pas importants pour vous, vous pouvez avec une bel e représentation graphique par ailleurs choisir de les masquer.

De petits graphiques placés à côté clairs exposant les problèmes basiques de chaque problème montrent combien de découverts.

Il est fort probable que les problèmes crawlées". Pour découvrir les pages les ne puissent tous être résolus d'un plus populaires, connectez-vous à votre coup, vous devez donc les prioriser compte Google Analytics et triez la liste et vous assurer que les pages les plus par nombre de Pages vues uniques.

Importantes sont corrigées en premier. Ce rapport montre aussi la structure Si vous souhaitez vérifier la santé d'une du site basée sur le périmètre des pages page spécifique, mais ne souhaitez pas explorées (attention, cela ne correspond passer du temps à réexplorer tout le site, pas à la même structure que celle du site !).

L'onglet "Statistiques" fournit des détails complémentaires sur les pages explorées.

Changez l'apparence des résultats en utilisant les boutons "Liste" ou "Graphique", en fonction du type de présentation que vous préférez.

Ici vous obtiendrez des informations sur :

Balisages. Le pourcentage de vos Codes de statut HTTP. Cette L'onglet Comparez les crawls vous pages qui ont implémenté Schema.

Section montre le pourcentage de permet de suivre la santé de votre org, Open Graph, Twitter Cards, pages crawlées qui renvoient des site : vous pouvez comparer les Microformats, et les pages sans codes de statut 5xx, 4xx, 3xx, 2xx, résultats de deux crawls que vous balisage. Les moteurs de recherche ou 1xx. Assurez-vous de minimiser choisissez au sein du projet, et voir utilisent ces balises pour générer des le nombre de réponses de ainsi les problèmes nouveaux extraits enrichis, ce qui augmente redirection 3xx, qui compliquent et ceux qui sont résolus.

Éliminez directement les pages

4xx et 5xx, il s'agit d'erreurs.

Canonicalisation. La balise rel="- canoniques ou auto-canoniques, crawlées qui ont un lien vers leur ainsi que les pages ne possédant version AMP.

Liens AMP. Les Accelerated L'onglet Progrès vous montre Canonical" est un outil pratique Mobile Pages vous garantissent la santé globale du site sur pour résoudre les problèmes de un avantage évident en termes une période de temps choisie, duplicate content. Ce rapport de vitesse de chargement, il est et comment le nombre de montre le pourcentage des pages donc important de surveil er problèmes spécifiques a évolué crawlées qui utilisent les balises le pourcentage de pages dans le temps.

Profondeur d'exploration. Désigne Utilisation du hreflang. Les attri-Sitemap vs Pages crawlées.

La page d'accueil. Plus ce chiffre tilingue qui souhaite que ces l'Audit de Site avec le nombre de est faible, plus il est facile utilisateurs accèdent à la langue pages indiqué dans la sitemap.

D'accéder à vos contenus, autant adaptée. Gardez un œil sur Une grosse différence peut être le pour les robots d'exploration que le nombre de pages ayant des signe d'une mauvaise explorabilité pour les utilisateurs.

On Page SEO Checker se fait en quatre étapes :

Après vous être assuré que votre site est aussi sain que possible, vous pouvez évaluer votre contenu et vos pages d'un point de vue SEO. L'outil On Page SEO Checker vous fournit une liste complète et structurée de toutes les étapes que vous devez suivre pour améliorer les performances de votre site auprès des moteurs de recherche.

**Installer** On Page SEO Checker

Choisissez le lieu cible et l'appareil pour lesquels vous souhaitez une optimisation SEO. Vous pouvez définir une zone de la taille d'un pays, d'une région ou d'une ville. Pour certains pays, vous pouvez également sélectionner une langue.

Définissez les pages pour lesquelles vous souhaitez obtenir des idées. Il y a plusieurs moyens de les ajouter :

1. Importez-les vous-même depuis le rapport de Positions Organiques et depuis la campagne de Suivi de positionnement (si vous l'avez installée dans le même projet)

2. Ajoutez-les manuellement (entrez les pages et mots que vous souhaitez optimiser)

3. Importez-les depuis un fichier .csv Importez-les depuis Google Search Console (pour cela, vous devez d'abord connecter votre compte Google à votre compte) Ajoutez-les directement depuis la base de données Choisissez l'agent de crawl (optionnel).

4. Enfin, programmez, si vous le souhaitez, une livraison hebdomadaire d'idées et paramétrez des notifications par email.

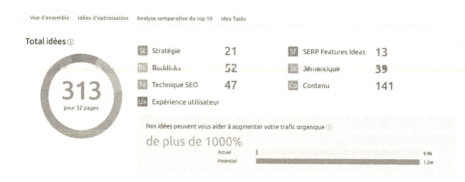

TOP des pages à optimiser

| Priority (i) | Page (i) | Volume total (i) | Idées (i) |
|---|---|---|---|
| | https://www.clarins.fr/on/demandware.store/Sites-clarinsfr-Site/fr_FR/Stores-Details?Sto... ⬈ | 823.0k | 7 idées |
| | https://www.clarins.fr/offres/fetes-des-meres/ ⬈ | 279.1k | 8 idées |
| | https://www.clarins.fr/spa/ ⬈ | 201.0k | 5 idées |

## L'onglet "Vue générale" de l'outil inclut :

Les "Idées d'Optimisation" sont rassemblées et divisées en sept groupes :

Idées stratégiques. Vous voyez ici si une Idées de backlinks. Les backlinks, facteurs cannibalisation de mots-clés a eu lieu, ce qui vous fondamentaux de ranking, requièrent de nombreux épargne du temps et des efforts, en vous fournissant efforts et recherches. À partir des "Idées de backlinks", les informations sur les pages qui se classent vous obtenez la liste des domaines qui sont le mieux, et pour vous éviter de perdre du temps recommandés pour le placement de vos liens. La liste à essayer de faire remonter des pages mal classées.

Idées techniques. Vos problèmes techniques ont été Idées pour l'Expérience utilisateur. L'optimisation ne vérifiés dans la partie précédente, grâce à l'installation vise pas seulement à satisfaire les robots crawlers !

et l'utilisation de l'Audit de Site. Les Idées techniques El e vise avant tout à améliorer l'expérience de l'outil On Page SEO Checker vous donnent, quant utilisateur. Notre rapport basé sur Google Analytics à el es, accès à la liste des problèmes qui risquent vous fournit les idées qui rendront vos pages le plus d'affecter négativement vos classements SERP, « user-friendly » possible. L'outil vérifie notamment si vous ne les prenez pas en compte.

Idées de fonctionnalités SERP. Les fonctionnalités Sémantique et Idées de Contenus. Ici, tout n'est SERP améliorent la visibilité de votre site, et parvenir question que de contenus sur votre site. Les à les atteindre est un vrai cadeau de la part informations "Idées de contenus" rassemblent de Google. Les idées de fonctionnalités SERP les éléments ayant trait à l'utilisation correcte mettent en lumière les pages qui ont une chance des mots-clés sur les pages, ainsi que sur leur d'obtenir des Featured Snippets ou qui peuvent placement recommandé. Vous obtiendrez aussi prétendre à un snippet enrichi avec une notation des recommandations sur les titres, les meta étoilée. Ajouter le balisage pour une évaluation descriptions, la longueur des contenus, leur lisibilité, regroupée est facile et peut significativement et sur l'utilisation des contenus vidéo. Depuis augmenter le taux de clics d'une page. Les Snippets le déploiement de l'algorithme Colibri de 2013, avec des étoiles jaunes, tout comme les Featured la recherche sur Google accorde plus d'importance Snippets, attirent l'attention et rendent le lien plus à la sémantique qu'aux mots-clés. Vous devez donc digne de confiance… donc intéressant.

Le second onglet de l'outil On Page SEO Checker, L'onglet "Benchmark du top 10" analyse les résultats intitulé "Idées d'optimisation" , liste toutes les de recherche placés dans le top 10 pour vos mots-pages analysées ayant besoin d'être optimisées, clés et les compare aux résultats de votre site.

Le bouton "Voir l'analyse complète" vous montre plus de détails sur la SERP des mots-clés et quelques métriques importantes sur chacun des concurrents qui vous devancent. S'il y a un Featured Snippet sur la SERP, cela sera également précisé dans le rapport.

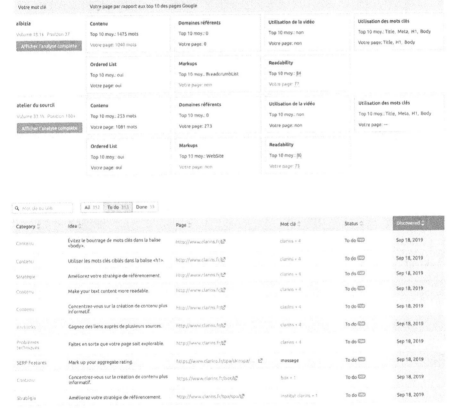

Le dernier onglet, "Idées de tâches", rassemble les Vous pouvez choisir une période de temps informations sur les idées qui ont été ou qui doivent spécifique pour une analyse plus poussée. Dans encore être implémentées. La liste est organisée la liste, vous pouvez trier les idées qui doivent encore en fonction de la date à laquel e le problème a été être implémentées ou regarder cel es qui ont déjà découvert. Au-dessus de la liste, graphique vous le statut "Fait". montre l'évolution du nombre d'idées depuis la première compilation.

## SEO Content Template

Le **SEO Content Template** est un outil conçu pour créer des contenus « SEO-friendly » sans perdre une minute.

Le travail avec cet outil commence par le paramétrage de la région (préciser le pays est nécessaire, la région et la vil e sont optionnel es), de la langue (pour certains pays), de l'appareil (la base de données de desktop Google US est paramétrée par défaut).

Il faut également entrer un mot-clé ou un groupe de mots-clés.

Une fois votre recherche de mots-clés réalisée, votre choix de mots cibles effectué, et lorsque vous commencez à planifier et définir un nouveau contenu « SEO-friendly » pour votre site, cet outil se révèle très pratique !

La page de résultats se décompose ainsi :

# Le top 10 de vos concurrents sur Google

**Key recommendations (based on your Google top 10 rivals)**

| | |
|---|---|
| Semantically related words | • Enrich your text with the following semantically related words: faire plaisir   week end   fêtes de fin   vendredi 29 novembre 2019   etats unis   novembre 2018   données personnelles   achats de noël   politique de confidentialité   cyber monday   lendemain de thanksgiving   meilleur prix   fin d'année   mise à jour   date du black friday   black friday 2019   jeux vidéo   repas de thanksgiving   black week   meilleures offres |
| Backlinks | • Try to acquire backlinks from the following domains:   wbsrch.com ☑   nimble.com ☑   hatnote.com ☑   good.cx ☑   1-mot.com ☑   lesaventuresduchouchou.com ☑   capital.fr ☑   journaldunet.com ☑   ohmydollz.com ☑   costaud.net ☑   laforet.com ☑   blackfriday.ch ☑   hautetfort.com ☑ |
| Readability | • Average readability score of top 10 URLs: 75 |
| Text length | • Recommended text length: 1041 words |

**See how your competitors use your target keywords**

black friday

1. **Black Friday 2019 : les deals à ne pas rater en ce moment**
   https://www.journaldunet.com/patrimoine/guide-des-finances-personnelles/1196610-black-friday-2019-les-deals-a-ne-pas-r... ☑

   [BLACK FRIDAY] Encore quelques semaines avant le lancement de l'opération commerciale au cours de laquelle géants du commerce en ligne et magasins physiques multiplient les promotions et réductions allant jusqu'à plus de 80%. Ce qu'il faut savoir en amont.

   [Mise à jour du vendredi 25 octobre 2019 à 15h44] Le début de la Black Week, qui commence le lundi précédant le Black Friday, approche, mais il va falloir montrer encore un peu de patience. Les premières promotions proposées dans le cadre de l'opération commerciale de grande envergure qui a lieu chaque année fin novembre déferleront le lundi 25 novembre 2019, pas avant. Cela dit, nul besoin d'attendre cette date fatidique pour profiter de réductions attractives. Exemple avec les deals émis par Amazon, qui propose en ce moment un certain nombre de produits high tech à des tarifs préférentiels. Parmi eux on retrouve notamment plusieurs smartphones, de la marque Sony, entre autres (le Sony Xperia XZ2 Premium , le Sony Xperia XZ3 ou encore le Sony Xperia L3 ) mais aussi des caméras connectées, pour l'intérieur (jusqu'à -50% sur une sélection de caméras D-Link ) et l'extérieur (-48% sur le pack de 5 caméras de surveillance Arlo ).

   Show more (85 occurrences)

2. **Black Friday 2019 : quand ? Où ? Comment ? On vous dit tout ! | Journal du Geek**
   https://www.journaldugeek.com/dossier/black-friday-dates-infos-conseils-meilleurs-sites/ ☑

   Période idéale pour faire vos achats de Noël, le Black Friday arrive très bientôt ! Journée de rabais conséquents dans les grandes enseignes, voici notre petit récapitulatif pour vous préparer au mieux à cette journée noire....

   Le Black Friday, qu'est ce que c'est ?

Recommandations-clés basées sur l'analyse du top 10. Elles incluent des suggestions sur le champ sémantique, les backlinks, la lisibilité (pour la langue anglaise), la longueur du texte et les contenus vidéo.

## Basic recommendations

| | |
|---|---|
| Page title | • Add at least one of your target keywords to your <title> tag:  black friday<br>• Don't use each target keyword more than 1 time.<br>• Optimal title length: 55 characters. |
| Meta description | • Optimal meta description length: 160 characters. |
| H1 | • Add at least one of your target keywords, don't use each target keyword more than 1 time:  black friday |
| Text | • Add all your target keywords at least one time:  black friday |

Recommandations basiques pour vos futurs contenus. Voici un exemple de conseils en matière de longueur optimale du titre et des mots-clés qui y figurent, pour les meta description, les balises H1 et pour le corps du contenu (le texte lui-même).

# CONCLUSION

Lorsque vous rassemblez des données sur lesquels appuyer vos décisions marketing, il est fondamental de recueillir l'information précise qui vous permettra de répondre à vos questions business les plus complexes.

Les ressources en veille de marché peuvent s'avérer précieuses lorsque vous investiguez un nouveau marché ou une nouvelle niche, quand vous souhaitez établir de nouveaux partenariats de co-marketing ou d'affiliation, optimiser vos achats médias et vos stratégies marketing, améliorer vos propositions commerciales, entre autres.

Pour analyser efficacement le big data et tirer des conclusions performantes au service de votre stratégie. Ayez en tête que toutes les étapes suggérées sont imbriquées et vont souvent requérir un travail simultané et continu.